アメリカ保守主義の思想史

井上弘貴
Inoue Hirotaka

青土社

アメリカ保守主義の思想史　目次

序章　もうひとつの社会改革思想？　9
1　沸き起こったトランプを退場させよの声
2　台頭する別様の保守たち
3　覆い隠されてきた対立と「反革命」という共通項
4　支配階級への反抗というこだわり
第1章　オールドライトからニューライトへ　バックリー・ジュニアと仲間たち　33
1　ニューライトとは
2　ニューライトの貴公子、バックリー・ジュニア
3　崩壊した中流家庭のもとで
4　ソ連のスパイとなって
5　ニューディールという革命
6　マッカーシズムを擁護する
7　『ナショナル・レヴュー』誌の創刊

第2章　ニューライトの思想　融合主義と『ナショナル・レヴュー』誌　71
1　ニューライトの思想的マニフェスト、融合主義
2　あるコミュニストの半生
3　アメリカ保守主義のアイデンティティの模索
4　融合主義とは
5　リヴァイアサンに抗しつつ共同の防衛に備える
6　オールドライトを継承して
7　融合主義のなかの優先順位

第3章　リベラリズムに背いて　ニュークラスの時代とネオコンの誕生　111
1　参加デモクラシーの高まりか、ニュークラスの台頭か
2　ネオコンサーヴァティズムの五つの要素
3　ネオコンのゴッドファーザーの思想形成
4　『コメンタリー』誌を引き継いで
5　ホワイト・エスニックからみた人種問題
6　オクラホマからの立身出世
7　資本主義に万歳二唱

8　ニュークラスがもたらした価値転換

第4章　「新しい保守主義」の源流　社会的保守とシュトラウス学派　149

1　アメリカ保守主義変容のミッシング・リンク、ジャファ
2　新しいニューライト／キリスト教保守の登場
3　アメリカ保守主義の基礎を求める論争の継続
4　シュトラウスとリンカンの隠れたつながり
5　リンカンは保守のヒーローか
6　思想的な南北戦争と「新しい保守主義」
7　社会的保守としてのジャファ

第5章　戦後保守主義のほころび　ネオコンvs.ペイリオコン　193

1　延命された融合主義
2　ペイリオ・コンサーヴァティズムという鬼子
3　トランプに先駆けた男
4　ミドルアメリカン・ラディカリズムの現状分析と政治戦略
5　大量移民に徹底抗戦する

6　白人としての人種意識を喚起する
7　愛国をめぐるヘゲモニー

第6章　トランプに賭ける　傍流の反転攻勢　227

1　存在感を増してきた西海岸シュトラウス学派
2　「ユナイテッド航空九三便」としての二〇一六年大統領選挙
3　「アメリカは移民たちの国ではない」
4　「共和主義労働者党を建設せよ」
5　ナショナリズムの美徳

終　章　戦後保守主義再編の選択肢　261

1　中産階級の復興を求めて
2　リフォーミコンの伸張はあるか
3　融合主義の再興は可能か

あとがき　277

参考文献 ix
事項索引 vi
人名索引 ii

アメリカ保守主義の思想史

序章
もうひとつの社会改革思想?

1　沸き起こったトランプを退場させよの声

二〇一六年一一月におこなわれた大統領選挙は、一七名による候補者レースのなかから最終的に共和党の大統領候補に選ばれたドナルド・J・トランプが民主党のヒラリー・クリントンを制した。この二〇一六年の選挙の特徴を共和党エスタブリッシュメントの動向に限って挙げるとすれば、それはトランプを最終的に選んだ共和党ないしはその周辺から、トランプにたいする批判や不信が根強く噴出し続けたという点にあった。党大会でのテッド・クルーズの発言や、下院議長だったポール・ライアンの紆余曲折をともなった長い躊躇はその象徴だったが、ヒラリーを支持する声や、トランプへの支持を控える有力者が続出した。ジョージ・W・ブッシュ政権で国務長官を務めたコリン・パウエルはトランプを批判し、ヒラリーを支持する発言をした。ジョージ・H・W・ブッシュとジョージ・W・ブッシュは大統領選挙戦のあいだ、トランプにたいする支持を表明しなかった。

通常であれば共和党の候補者を支持する保守の知識人たちのなかでも、二〇一六年の大統領選挙では、トランプにたいする明確な反対の意思を事前に表明した者たちは少なくなかった。たとえばアイオワでの党員集会を目前にして、二〇一六年一月二二日付で『ナショナル・レヴュー』誌のウェブサイトには、保守の著述家兼ラジオパーソナリティとして知られるグレン・ベックを筆頭にして、二二名の保守系知識人たちによる反《ネヴァー》トランプのメッセージが掲載された（これらのメッセージは、二〇一六年二月一五日発行の『ナショナル・レヴュー』にも掲載された）。

「本物の保守主義者は、われわれとともに歩むものである。ロナルド・レーガンは知的栄養をとるために『ナショナル・レヴュー』誌や『ヒューマン・イベンツ』誌〔一九四四年にフェリックス・モーレイ、フランク・ハニエン、ヘンリー・レグネリーによって創刊された保守系雑誌〕を読んだものだ……」(National Review 2016)。たとえばブレント・ボゼル三世はこのようにレーガンとの対比のなかで、トランプと保守の知識人との相容れなさを述べた。

ウィリアム（・ビル）・クリストルは、『ザ・フェデラリスト』の連邦主義を論じた第三九篇に触れたうえで、トランプは自由の信者ではなく富の信者であり、自己統治の技芸ではなく、取引の技芸（the art of the deal）——これはトランプの自伝の題名でもある——に駆り立てられてきたのではないのかと疑問を提起し、本書でものちにたびたび触れることになる、二〇世紀の政治哲学者として名高いレオ・シュトラウスに保守とは何かを仮託させて、トランプ批判をつぎのように展開した。

『ナショナル・レヴュー』に宛てたある手紙のなかで、レオ・シュトラウスはかつてこう書いた。「わたしが理解するに、保守というのは卑俗さを軽蔑する者ですが、成功の打算ばかりに関心をもち、努力の高貴さに盲目な議論は卑俗です。」ドナルド・トランプは卑俗さの縮図そのものではないのか。要するに、トランプ主義とはアメリカの保守主義者たちがつねに軽蔑してきた類いの、安物のカエサル主義ではないのか。今日のアメリカの保守主義者たちの仕事は、トランプ主義の前に立ちはだかり、止まれと叫ぶことではないのか（National Review 2016）。

この「トランプ主義の前に立ちはだかり、止まれと叫ぶことではないのか」という一節は、歴史の前に立ちはだかり、止まれと叫ぶことを『ナショナル・レヴュー』の役割であると宣言したウィリアム・F・バックリー・ジュニアの言葉である。

クリストルとともに、二〇〇〇年代のジョージ・W・ブッシュ政権の時代にネオコンの知識人のひとりとしてその名前を国内外で知られたロバート・ケーガンも、五月の段階で『ワシントン・ポスト』紙に「これこそアメリカにファシズムがやってくる仕方だ」と題したトランプ批判の論説を掲載した（Kagan 2016）。ケーガンにしたがえば、トランプが広範な有権者を掘り起こしていることに共和党の政治家たちは驚いているかもしれないが、トランプが掘り起こしているものこそ、建国の父祖たちがかつて恐れた「群衆支配」であり、民衆の激情を解き放つことは、より多くのデモクラシーではなく、僭主《タイラント》の到来をもたらすと――フランス革命を観察した（アレクサンダー・）ハミルトンに触れつつ――警告した。

保守主義のジャーナリストとして著名なジョージ・F・ウィルもまた、クリストルと同様に『ワシントン・ポスト』への寄稿のなかで、トランプにたいする不支持を明確にし、もしもトランプが指名を獲得した場合には、「保守の本質」を侮蔑した当然の報いとして全米五〇州でかれが敗北するようにすること、そして保守系の議員候補たちを反トランプという波から守ること、このふたつが保守主義者の課題であると主張した（Will 2016）。

2　台頭する別様の保守たち

だが、トランプが事前の大方の予想に反して勝利し、トランプ政権がスタートして以降、保守の知識人たちを取り巻く状況は確実に変化を遂げてきた。ウィルのような古典的自由主義を保守しようとする者、あるいはクリストルをはじめとするネオコンと呼ばれてきた者たちは、反トランプを堅持してきた。その一方で、二〇一六年の段階では反トランプだったもののトランプ支持へと転向を果たした者たちは、保守主義の知識人のなかで少なくない。トランプの勝利は、戦後アメリカ保守主義の思想的布置の変化を確実にこれまで促してきた。

一例を挙げれば、二〇一九年三月、エキュメニカルなキリスト教保守の雑誌である『ファースト・シングズ』誌は、「死んだコンセンサスに抗して」という共同の宣言を発表した。『ファースト・シングズ』の現在の編集人であるR・R・レノは、『ナショナル・レヴュー』での反トランプの署名者のひとりだった（ただし第6章で触れるように、レノはその後、二〇一六年九月にウェブサイト『アメリカン・グレイトネス』をつうじて公表された、一二五名によるトランプ支持の署名にも名を連ねている)。

レノ自身にしても、かれが編集する『ファースト・シングズ』にしても、トランプ以後の状況の変化にリードされるのではなく状況をリードすることを求めて、その立場をこれまでに変化させてきた。具体的にはレノと『ファースト・シングズ』は、親《プロ》トランプの論調を強めてきた。そうしたなかで、「死んだコンセンサスに抗して」と題された共同宣言は、二〇一六年に崩壊したトランプ以前の保守のコンセンサスに戻ることはできないという内容のものであり、一五名の宗教保守たちが署名をして発表された。署名者は、イラン生まれのアメリカ人であり、カトリシズムに転向した知識人であるソーラブ・アーマリを筆頭に、『リベラリズムはなぜ失敗したのか』(Deneen 2018=2019)の著者として知られるようになった、カトリックの知識人であるノートルダム大学のパトリック・J・デニーン、『ザ・アメリカン・コンサーヴァティズム』誌を中心に精力的に執筆活動をしている、『ベネディクト・オプション』の著者であるロッド・ドレアが含まれる。かれらは今日、「新しい伝統主義者たち」と呼ばれる。

署名者たちによれば、従来の保守主義は二〇世紀に共産主義を打倒し、全体主義的体制にたいして人間の尊厳を守ることに力を尽くした。かれらはこのことをひとまず認める一方で、従来の保守主義はリベラリズムと同様に個人の自律性を強調しすぎたあまり、伝統的価値、つまり伝統的家族や共同体的な連帯に十分な配慮を払ってこなかったと主張した。そのうえで宣言は、つぎの六点の主張を新しい保守主義の基本方針として掲げた。

われわれは個人の豊かさのみを追求する魂なき社会に反対する。
われわれはアメリカ市民の側に立つ。
われわれは人間の尊厳について妥協するいかなる取り組みも拒否する。
われわれは専制的《ティラニカル》なリベラリズムに抗する。
われわれは労働者のために働く国を欲する。
われわれは故国《ホーム》が大事であると考える（Ahmari et al. 2019）。

「われわれは個人の豊かさのみを追求する魂なき社会に反対する」、あるいは「われわれは人間の尊厳について妥協するいかなる取り組みも拒否する」というのは、家族、信仰、共同体の価値を擁護するとともに、中絶、ポルノグラフィ、デザイナーベイビーのような遺伝子操作、トランスジェンダーへの反対を表明するということである。こうした主張は、宗教保守としては従来からの主張である。

それにたいして、われわれはアメリカ市民の側に立つ、あるいはわれわれは労働者のために働く国を欲するというのは、既存のアメリカ市民たち、とりわけ中産階級からの没落を余儀なくされてきたアメリカ人たちは、移民たちよりも怠惰で役立たずだという論調に抗するということであり、つまりは移民反対というトランプ政権との共同歩調が含意されている。これにくわえて、「われわれは故国が大事であると考える」という言葉に仮託させてかれら共同署名者たちは、普遍主義の暴政へとつながる国境なき世界というユートピア的世界に反対する限りにおいて、自分たちは「新しいナショナリズム」を支持すると主張している。グローバリズムに抗してナショナリズムに傾倒するという点でも、共同署名に加わった宗教保守たちはトランプへの接近を果たしていると言ってよい。

宗教保守たちの共同署名者たちによるこうした宣言は、リベラリズムを主たる敵として定めている。だが、リベラリズムとともに、かれらが一定程度の敬意を払っているようにみせている従来の保守主義にたいしても、実際にはかれらの敵意は潜んでいる。そうした敵意は、たとえばデニーンがトランプ大統領誕生の翌年の二〇一七年に、「トランプの時代に保守主義者であるとは」と題されたシンポジウムをもとに『モダンエイジ』誌に寄稿した論考からうかがえる。

デニーンは「保守主義の過去という亡霊」と題されたその論考のなかで、多くのお金を投資して組織され、大卒のエリートたちを訓練してきた従来の保守主義が、トランプを支持する大卒ではない有権者たちの反抗によってついに退けられたのだと書いた。「最初は当惑をもって、つぎには不安をもって、最後には率直な恐怖でもって、一年にわたってアメリカの保守主義者たちは、トランプが自分たちの基本的な活動の信念を破壊していくのを見つめた」(Deneen 2017: 24)。デニーンのなかば他人事のような叙述の行間からは、トランプによって実行されてきた既存の保守主義の破壊を歓迎している様子がみてとれる。

本書では第2章で、フランク・S・マイヤーが確立した融合主義《フュージョニズム》という、戦後アメリカの保守主義の主流の基本綱領と言える考えに触れる。バックリー・ジュニアが中心となって一九五五年一一月に創刊した『ナショナル・レヴュー』を母体とした、ニューライトと呼ばれる人びとにとって、一九六〇年代に確立された融合主義は、本来的には多様な要素が混在していた運動としての保守主義をひとつの方向へと束ねるとともに、その運動としての保守主義のなかで好ましくない要素を周縁化し、場合によっては排除する基準として長きにわたって有効にはたらいてきた。

デニーンはその融合主義を「保守主義の三脚の椅子」という表現でまとめている（Deneen 2017: 24）。すなわち、融合主義であるところの従来の保守主義は、三つの脚によって支えられてきた。その脚とはすなわち、経済的リバタリアニズム、冷戦の反共主義、社会的保守主義である。社会的保守主義は、場合によっては伝統主義とも読み替えられる。個人の権利をなによりも優先するリバタリアニズム、客観的な道徳秩序の存在を主張する伝統主義、そして反共主義というこの三つが、戦後アメリカにおける保守主義のなかでも、融合主義を掲げて中心的存在となったニューライトの思想的な基本要素だった。

デニーンによれば、リバタリアンと社会的保守のあいだには潜在的な緊張関係があるものの、ソ連の共産主義と国内の革新主義（進歩主義）という脅威によって、この緊張関係は見えなくさせられてきた。トランプはこの従来の保守主義の脚のうちで、経済的リバタリアニズムと、冷戦期の反共主義を継承した国際主義という二つの脚を拒否する一方、ロウ対ウェイド判決を覆す最高裁判事を任命することを約束しているように社会的保守主義を擁護する者としてあらわれている（Deneen

2017: 26-27)。ロウ対ウェイド判決とは一九七三年にアメリカの連邦最高裁で出された判決であり、中絶の合法化がアメリカでなされた歴史的な判決である。これを無効にするのが、アメリカの宗教保守の悲願になってきた。実際にトランプはその後、ニール・ゴーサッチとブレット・カバノーというふたりの保守系判事を任命した。デニーンにとってみれば、保守の主流を牛耳ってきた者たちがいまだにしがみつこうとしている融合主義に、外部から痛烈な一撃を与えて後戻りできない解体を促した存在がトランプだった。

3　覆い隠されてきた対立と「反革命」という共通項

従来の保守主義にたいするデニーンの批判は、第一には、それがエリート主義的であるということ、第二には、それが実際には保守的なものではまったくなくリベラリズムを推進するものだったということである。

デニーンにしたがえば、既存の保守主義のエリート的部分は、これまで約半世紀にわたって、「レーガン・デモクラット」と呼ばれる一九六〇年代以降のリベラリズムの変容に嫌気がさして民主党支持をやめた人びとによってうまく覆い隠されてきた。だが、近年では共和党自体のエリートへの傾斜は甚だしくなり、その一方でオバマ政権の二〇〇九年に高まったティーパーティ運動のような、ポピュリズム的な草の根保守の動きが生じた。新自由主義《ネオリベラリズム》の台頭のもと、権力の集中をますます強める政党エリートと労働者階級との分裂によって、下からの反抗が醸成され、共和党主流の候補者への反発が強まったとデニーンは指摘する（Deneen 2017: 27）。エリートが党を牛耳る傾向は共和党だけでなく、民主党においても著しく高まってきたとデニーンがみなしているのは言うまでもない。

そうした連中とともに戦後アメリカの保守主義は、保守すべき価値あるものを何ら保守することなく、実際にはリベラリズムの推進に加担してきたというのが、デニーンの見立てだった。デニーンはこう述べている。

> アメリカ保守主義の起源はまったく保守的ではなかっただけでなく、その根本的な特徴も、同様に保守的ではなかった。その〔保守主義の〕「脚」のうちの二つ、経済的リバタリアニズムと精力的な国際主義は、哲学的に言えば、リベラリズムを構成してきた特徴であり、その目指すところは、もともとのバーク的な、つまり伝統主義的でコミュニタリアン的な形態の保守主義とは根本的に対立するものだった（Deneen 2017: 27-28）。

デニーンによるバーク的保守主義は、「伝統主義的でコミュニタリアン的な形態の保守主義」という表現のみで、その内実はこの論考で詳細に論じられてはいない。ただし、デニーンのこの論考が掲載されている『モダンエイジ』誌は、かつてエドマンド・バークを高く評価した保守主義の知識人、ラッセル・カークによって一九五七年に創刊された雑誌であり、この雑誌上でバークを評価するということは、そこにこめられたメッセージは主要な読者には十分に届くことが想定されている。

バークを筆頭として、アングロ・アメリカン文化のなかに眠る保守主義の思想的源泉を復権させようとしたカークの『保守主義の精神』（一九五三年）は、戦後アメリカの保守のなかで古典として高く評価され、カークも尊敬されてきた。だが、第2章でマイヤーによる思想的なカーク批判に触れるが、カークと、融合主義を定式化したマイヤーとが個人的にも犬猿の仲だったことは『ナショナル・レヴュー』の関係者にはよく知られていた。カークが『ナショナル・レヴュー』の創刊当初、定期コラムを執筆することに同意しつつも、主任編集人《シニア・エディター》のひとりになるのを固辞したのは、マイヤーとかかわるのを嫌ってのことだった（Hart 2005: 45）。

融合主義が戦後アメリカ保守主義の主流になったと言って良ければ、ミシガン州のメコスタに隠棲していたカークの思想は、結果的に傍流の位置に甘んじたと言える。カークは冷戦末期、ヘリテージ財団での講演のなかで、ネオコンたちはテルアビブが合衆国の首都だと勘違いをしているのではないかと発言して関係者を激怒させた（Fuller 2020: 8）。アメリカの介入主義へのカークの批判は、ネオコンの知識人たちとの軋轢を引き起こした。こうした軋轢は、二〇〇〇年代のジョージ・W・ブッシュ政権のイラク侵攻に際してのネオコンとペイリオコンとの対立に引き継がれた。

そのカークは『保守主義の精神』において、バークをはじめとするさまざまなアングロ・アメリカの思想家から抽出された保守主義の原則をつぎのように六つに集約して提示した（Kirk 1953/2019=2018: 23-25）。これらの原則をデニーンが忠実に継承しているかはともかく、バーク的な保守主義とはどのような思想であるのかを理解するうえで、今日なお無視できない。

（1）良心および社会を統べる超越的秩序あるいは自然法にたいする信念。政治の諸問題とはその根本において、宗教の諸問題であり道徳の諸問題である。（…）真の政治とは、魂の共同体において優勢であるべき大文字の正義を理解し、それを適用する技芸《アート》のことである。

（2）人間存在の豊かな多様性および神秘への愛情。それは、狭量な画一化、平等主義、多くの急進的制度が持つ功利主義的な目的と対置される。（…）

（3）「階級なき」社会という観念に抗するように、文明社会は秩序と階級を必要とするという確信。（…）もし自然な位階が消し去られてしまうなら、寡頭制の支配者たちがその空白を埋めることになる。

（4）自由と財産は密接に関連しているという信条。すなわち、財産を私的所有から切り離すなら、リヴァイアサンが万人の支配者になる。経済的平準化は、経済的進歩ではないと保守たちは主張する。

（5）長年のやりかたにたいする信頼と、抽象的な設計に基づいて社会を再構築しようという「詭弁家、計算屋、エコノミスト」にたいする不信。習慣、慣習、古くからのやり方は、人間の無秩序な衝動や、変革者の権力欲の両方にたいする抑制となる。
(6)変化は健全な改革ではないかもしれないという認識。拙速な変革は、進歩の灯ではなく激しい大火であるかもしれない。社会は変わらなければならない、というのも賢慮ある変化(prudent change)は社会を保持する手段であるからである。政治家は、神の摂理(Providence)を計算に入れなければならない。政治家にとっての枢要な徳は、プラトンとバークによれば賢慮(prudence)である。

すなわち、人間を超越した客観的な道徳秩序の存在と慣習が果たす役割とを受け入れ、性急な変化、とくに経済的な平等化を無理に追い求めることを拒否し、ただし、すべての変化を拒否するのではなく、神の摂理がそこに働いているかを、「賢慮」をもって見極めようとする者が、カークの解釈する保守主義者ということになるだろう。なかでもカークは、バークに仮託して賢慮を重視した。賢慮は、ギリシア語のフロネーシスを源とする、保守主義のみならず政治哲学にとって重要な概念であり、ある状況のなかで善く生きるための判断をなすための知恵の徳のひとつである。神の摂理と賢慮を連関させるバーク的な賢慮の捉え方は、あくまでも賢慮をめぐるひとつの捉え方である。賢慮について本書では鍵となる概念として、のちの各章のなかで節目に立ち返る。

時代を取り巻く状況がもしもまったく異なっていたなら、二〇世紀後半のアメリカの保守主義の主流は、バークから着想を得たカークが構想する保守主義になっていたかもしれない。しかし、実際にはそうはならなかった。カークは尊敬を集めながらも、敬して遠ざけられていたというのが実際だった。

本書では、戦後のアメリカのなかで運動としての保守主義を主導したバックリー・ジュニアらを保守の主流として位置づける。とはいえ、戦後アメリカの思想的コンセンサスを確立してきたリベラリズムから比較すれば、そうした主流にしても所詮は劣位に置かれた競合者だった。劣勢を強いられている者たちは、たとえ相互に反目しあっていても、しばしば同じ旗幟のもとで態勢を立て直さなければならなかった。そのために、保守主義をめぐる統一した定義が実際には不可能であるほど、内実は呉越同舟だった。

しかも、対外的な共産主義と国内のニューディールに直面し、左派からの転向知識人たちによって練り上げられた戦後アメリカの保守主義の主流は、デニーンが主張するようにリベラリズムを推進するものであったかはともかく、文字どおりの意味で「保守」であったかと問われれば、率直に言って疑問符がつく。何らかの価値や理念を守るという態度や姿勢は、かれらのなかに見出すことができるものの、カトリシズムのように、従来のアメリカにおいて必ずしも正統なものとはみなされてこなかった価値や理念に依拠し、なによりも共産主義からアメリカと西洋を守るという使命感がつねに先に立った。

戦後アメリカの保守主義の主流は、内外のさまざまな「革命」からアメリカを防衛することを使命とする、防御的と呼びうる性格を色濃く帯びていた。そのような傾向は、たとえば第3章でみるように、主流に合流していったネオコン第一世代の知識人たちにも見出せた。外側の「革命」である共産主義を共通の敵としつつ、抗すべき内側の「革命」は時代の推移に応じて変化していった。ニューライトにとって、それはニューディール・リベラリズムであり、ネオコン第一世代や新しいニューライトにとって、それはニューポリティクス・リベラリズムであり、今日、新たな主流になろうと名乗りをあげている親トランプの人びとにとって、それはポリティカル・コレクトネス・リベラリズムだった。既存の価値の転換をはかるラディカルな革命的動きに抗するというその一点で、かれらは共通していた。一言でいえば、戦後アメリカの保守主義の知識人たちは、第1章で触れるウィティカー・チェンバースのように明確にそのように自己規定せずとも、革命に抗することを自らの政治的使命とする「反革命家」たちだった。

反革命は通常、旧体制の維持や復帰を目指すものであるが、アメリカにあっては、仮に自分たちの主張にかぎりなく近い大統領が誕生したとしても、大半の場合は防衛すべき旧体制があるわけではなかった（南部という旧体制に依拠するペイリオコンは、そのなかで例外的と言える）。それゆえに、抵抗のよりどころとなったのは哲学や理念であり、アメリカの建国の父祖たちへの復帰が語られる場合でさえ、取り戻されるべきはかれらの理念だった。このために戦後アメリカの保守主義思想は、抵抗の拠点たるべき哲学や理念の実現をしばしば同時に図っていった。しかも、現下の「革命」に抗して依拠すべきそのような理念が、アメリカ独立革命によって確立されたものである場合、反革命的言論が参照しているものが、実際のところ革命の産物であるというねじれさえも内包した。そうであるがゆえに戦後アメリカの保守主義思想は、リベラル、あるいはラディカルな左派にも匹敵するほど、社会改革的な動きをともなうことにもしばしばなった。ただしそれは、きわめて防御的な色合いを帯びた社会改革思想だった。

なお、戦後アメリカの保守主義は、保守という旗印とは裏腹に、戦後アメリカのコンセンサスを確立したリベラリズムとの対決のなかで、みずからの立場や思想に正統性が得られていないという課題を抱え続けた。第5章で触れるペイリオコンの代表的な論者であるサミュエル・T・フランシスは、自らの著作のひとつに『美しき敗者たち』というタイトルをつけた（Francis 1993）。自分たちは敗北しつつある側に身を置いているという意識、劣勢を強いられているという意識は、戦後アメリカの保守主義を理解するうえで、もうひとつの鍵となる点である。

4　支配階級への反抗というこだわり

戦後アメリカの保守主義を、革命に抗する反革命の思想とみなすことがもしもできるとすれば、革命の担い手はどのように思念されてきたのか、あるいはそれに抗する反革命の担い手は、ひるがえって自分たちを含めてどのように思念されてきたのか、という問いが生じてくる。エリート主義的であるという従来の保守主義にたいするデニーンのもうひとつの批判に戻りつつ、たとえばデニーンが描く今日のアメリカ社会の構図は、民主党と共和党の両方を支配している——とかれらが考えている――エリートたちと、アメリカの民衆の下からの反乱という二項対立である。政治や経済の権力から遠ざけられてきた人びとが何故、ニューヨーク市の億万長者に熱狂したかといえば、それはかれが「壁を建設する」、「沼をきれいにする」、「政治的に正しくないことを言う」という、既存のエリートに真っ向から反対するメッセージを人びとに届けたからであるとデニーンは理解した（Deneen 2017: 29）。

デニーンは、トランプへの支持は「反抗的なハートランドの保守主義の噴出」であると描いた（Deneen 2017: 29）。ハートランドとは、東海岸や西海岸ではないアメリカの内陸部のことを地理的には意味する。それはただ単に地理をあらわす言葉ではなく、リベラルではない、もっと率直に言えば「白人」が中心を成しているという特定の価値をともなった言葉である。ハートランドのなかに支配的エリートたちへの反抗の源をみるという立場は、特にデニーンにオリジナルのものではない。デニーンの論考でも言及されているようにクリストファー・ラッシュが、その遺著となった『エリートの反逆』のなかですでに一九九〇年代に、ポピュリズムに基づいたナショナリズムの復権を視野に入れつつこの構図を描いていた（Lasch 1995=1997: 60-61）。

ラッシュは本来的には左派の歴史学者だが、『エリートの反逆』は今日、むしろ保守によってよく読まれており、スティーヴ・バノンがお気に入りの一冊に挙げていることは知られている（Swan 2017）。『エリートの反逆』のなかでラッシュは、今日のエリートたちが自分たちの富を社会に還元する義務を放棄していると批判した。そのラッシュが、エリートに対置した者たちこそ「ミドル・

アメリカ」と呼ばれる人びとだった（Lasch 1995=1997: 37-38）。
デニーンは、バノンとならんでラッシュを引き継ぎ、ミドル・アメリカのなかにリベラルなエリートにかわる保守の希望を見出している。デニーンの主張を踏まえれば、戦後アメリカの主流の保守主義は、ハートランドの人びとの生きられた保守主義を理解してこなかったのにたいして、トランプはまさにその復興を促したということになるだろう。ただし、保守の本来的なポテンシャルを民衆のなかに見出そうとする議論は、戦後アメリカの保守主義思想を遡れば、神のもとでの有徳な人びとの熟慮がアメリカの政治的伝統であると主張したウィルモア・ケンドールのなかに先駆的に見出せるものであるし、フランシスのようなペイリオコンのなかにはもっと直截的なかたちで見出せるものである。

ポピュリズム的な構図との連動で近年では論じられることが多いものの、支配エリートの存在をめぐる考察もまた、戦後アメリカの保守主義が一貫して保持してきたことである。その理論的出発点は、第1章後半で触れるように、トロツキズムからの転向知識人であるジェイムズ・バーナムの経営者階級論である。その後、戦後の社会で登場してきた専門職の社会階層が、ネオコン第一世代を含む同時代の知識人たちによってニュークラスと名づけられ、このニュークラスがアメリカ社会を牛耳る支配エリート層を形成しているのだという理解は、時代状況の変化に合わせてニュークラスの内実はリニューアルされつつも、今日の親トランプの知識人たちにまで引き継がれてきた。

左派のほうが、傾向として階級を重視しなくなって久しい。それにたいして、その理論的な洗練度にはばらつきがあり、そもそも描かれる絵図が正しいかは別として、保守の知識人たちは支配階級とそうした階級にたいする反抗という視点にこだわってきた。この点においても、戦後アメリカの保守主義の主流は、ねじれたかたちながら社会改革思想という側面を色濃く有しており、それはトランプを支持する親トランプの知識人たちにも受け継がれている。

*

本書は、この序章で触れた論点に留意しつつ、各章において時系列的に戦後アメリカの保守主義の形成と展開を追っていく。中心的な役割を果たした個々の知識人たちの伝記的側面についてその記述の厚みを確保しながら、今まさに変容の過程にあるその全体像にできる限り迫っていくつもりである。

その際に本書は、この序章ですでに『ファースト・シングズ』や『モダンエイジ』といった雑誌に言及しているように、さまざまな保守の潮流の結集軸となる雑誌にも、そこに集った知識人たちとならんで焦点を当てる。戦後アメリカにおける運動としての保守主義を概観するうえで、雑誌の役割はきわめて重要である。バックリー・ジュニアが中心となった創刊した『ナショナル・レヴュー』は、結集軸としての雑誌の重要性を示す象徴と言える。たしかにこうした雑誌の講読者数は、一般読者を対象とした雑誌と比較すれば、桁はひとつもふたつも少ないのが実際だった。第1章で触れる『ナショナル・レヴュー』に限っても、バリー・ゴールドウォーターの支援によって知名度が上がり、購読者数が倍増した一九六〇年代（一九六四年）でさえ、九万部というところだった(Felzenberg 2017: 135)。しかし、こうした雑誌とそこに集う知識人たちは、その実際の購読者数を超える影響を社会にたいして及ぼしてきた。今日、インターネット上での論考での発表をつうじて、その影響の及ぼし方は変化しつつも持続している。

第1章では、ウィリアム・F・バックリー・ジュニアとウィテイカー・チェンバースを中心にすえ、戦後アメリカ保守主義の主流を成していったニューライトの基本思想である融合主義の形成の前史を扱う。とくに融合主義のかなめになる反共主義を、転向知識人であるチェンバースの思想と行動をつうじて描く。第1章の後半では、ジェイムズ・バーナムとかれの経営者社会をめぐる議論にも触れる。

第2章では、前半で融合主義の大成者であるフランク・S・マイヤーの伝記的側面にも触れたうえで、マイヤーの『自由を擁護して』の検討をつうじて融合主義の内実を明らかにする。後半では、リバタリアニズムの代表的論者であるマレー・N・ロスバードの同じく伝記的側面をみたうえで、ロスバードが『ナショナル・レヴュー』から距離を置くようになる経緯を考察する。とくにマイヤーによるロスバードへの批判をつうじて、この章では融合主義を構成している要素間の優先順位が明らかになる。

第3章では、アーヴィング・クリストル、ノーマン・ポドレッツ、ジーン・J・カークパトリックといったネオコン第一世代の転向の軌跡をつうじて、ネオコン第一世代がニューポリティクス・

リベラリズムと呼ばれるリベラリズムの新しい変種への対抗を自覚化していった経緯、リベラルから保守へと転向し、バックリー・ジュニアたちに合流していった経緯を描く。その描写をつうじて、ネオコン第一世代が、アメリカ社会のなかに新たに台頭してニューポリティクス・リベラリズムを推進しつつある支配階級として、ニュークラスを想定したことを考察する。

第4章では、ネオコン第一世代にくわえて新しいニューライトが登場する一九七〇年代、ならびに引き続く一九八〇年代を背景として、レオ・シュトラウスの高弟のひとりであり、西海岸シュトラウス学派を創設したハリー・V・ジャファに焦点を当て、シュトラウス学派の分裂、保守主義が保守すべき原理をめぐる論争、キリスト教保守の台頭という、戦後アメリカ保守主義の、とくに思想面でのその後の転換につながる諸側面を検討する。

第5章では、主流から分岐した、ペイリオコンと呼ばれる保守主義の潮流、そのなかでもとくにサミュエル・T・フランシスの思想を中心に描き、オルトライトにも影響を与え続けているフランシスの移民反対の議論、ならびにその前提にある人種をめぐる主張を跡づける。アメリカの対外政策をめぐるペイリオコンとネオコンとの確執についても触れることで、融合主義のほころびの始まりをこの章では描く。

第6章では、トランプの登場をきっかけとして、親トランプの知識人たちが開始した戦後アメリカの保守主義の勢力組み換えの企てをめぐって、マイケル・アントン、エドワード・J・アーラーといったジャファの弟子や友人にあたる西海岸シュトラウス学派の論者たち、あるいはF・H・

バックリーやヨラム・ハゾニーといったナショナル・コンサーヴァティズムを構想している知識人たちを検討の俎上にのせる。

終章では、本書全体の考察を振り返りつつ、戦後アメリカの保守主義の思想的な再編の今後の行方について考察を広げたい。

保守主義一般、あるいはアメリカの保守主義に光が当てられる機会は、リベラリズムと比較して日本では少ないと言わなければならない。[1] ましてや、アメリカの保守主義の思想に内在的に焦点が当てられることは、なおさらまれなことである。アメリカではそれなりの名声を保っている保守の知識人が、日本ではまったく無名の状態であるということもけっして珍しくはない。だが、トランプの登場によって不可逆的に生じてきた戦後アメリカの保守主義の思想的再編が、その限定的なサークルを超えてアメリカ社会それ自体の変容と密接に連動しつつある今日、このようなアンバランスなアメリカ政治思想の理解や受容は、見直されるべき時にきている。アメリカの保守主義の思想史を理解することをつうじて、イデオロギー上の分極化がかつてなく著しい現在のアメリカにお

1 そうした状況にあって、アメリカや日本を含めた保守主義の思想と歴史を概観したものとして（宇野 2016）がある。運動としてのアメリカの保守主義を扱ったものとしては、（中山 2013）がまず参照されるべきであり、本書がマイヤーに内在して検討する融合主義についても先駆的に論じられている。実証的な政治分析の観点から、共和党の保守化にたいして『ナショナル・レヴュー』や融合主義の果たした役割は限定的で軽微だったと結論づけたものとして（西川 2015）がある。

ける、ポスト・トランプの政治状況を見定めるための手がかりを、読者は本書から得ることができるはずである。

第1章
オールドライトからニューライトへ
バックリー・ジュニアと仲間たち

1 ニューライトとは

一九五五年に『ナショナル・レヴュー』誌を創刊し、戦後アメリカの保守主義の主流を形成していった潮流は、ニューライトと呼ばれる(アメリカでは、本書の第4章で触れる一九七〇年代に台頭する社会的保守たちもニューライトと呼称される。そこで本書は、バックリー・ジュニアたちを意味する第一のニューライトをそのままニューライトと呼び、第二のニューライトを「新しいニューライト」と表記する。)。オールドライトと対比されるニューライトは、オールドライトの思想を継承しつつも、戦後アメリカの新しい状況に沿って右派の立て直しを企図した。他方で、ニューライトの知識人たちの多くは、左派からの転向者によって占められた。むしろニューライトのなかでは左派からの転向者でない者のほうが珍しいとさえいえた。その意味でニューライトは、オールドライトから多くを継承しているとともに、オールドレフトからも多くを継承することで形成されていった潮流である。

かれらニューライトは、外なる脅威である共産主義と、それと密接に共通するとかれらには思われた内なる脅威であるニューディールという、ふたつの革命に抗することを使命とした。そうした、仮にこう言って良ければ反革命の使命に規定された思想と行動とが、戦後アメリカの保守主義の主流たるニューライトには通底していた。

本章では、ニューライトの思想運動を体現し、『ナショナル・レヴュー』の中心を成したウィリアム・F・バックリー・ジュニアと、ソ連のスパイとして地下活動に従事した後に反共に転じ、自伝的な著作である『証言』を著したウィティカー・チェンバースを中心にしつつ、バックリー・ジュニアの師であるウィルモア・ケンドール、トロツキストから転向し、経営者革命論を展開したジェイムズ・バーナムといった『ナショナル・レヴュー』に集った知識人たちの思想と行動を描く。

2　ニューライトの貴公子、バックリー・ジュニア

『ナショナル・レヴュー』を創刊し、融合主義を旗印にして戦後アメリカの保守主義を大同団結させたウィリアム・F・バックリー・ジュニア（一九二五―二〇〇八）の伝記的側面を論じるためには、父であるウィリアム・フランク・バックリー・シニア、そしてバックリー一族の来歴を省略することはできない。一八四〇年代にアイルランドからアメリカ大陸に最初に渡ったバックリー一族の開祖的人物は、プロテスタントであったという。かれはカトリックの女性と結婚し、ケベックを経由してオンタリオに落ち着き、子どもたちをカトリックとして育てた。そのひとり、ジョンはテキサスに行き、そこで羊牧場を経営すると当時に、デュヴァル郡の保安官も務めた（Markmann 1973:

10-11; Bridges and Coyne Jr. 2007: 5-6)。

そのジョンの子どもたちのひとりが、バックリー・ジュニアの父、のちのウィリアム・フランク・バックリー・シニアだった。家族が住んだデュヴァル郡の小さな町、サンディエゴはメキシコ国境からも近く、人口の大半がメキシコ系であり、バックリー・シニアは英語とスペイン語のバイリンガルとして成長した。バックリー・シニアはまた、青少年の頃よりカトリックの信仰に篤かったという。[1]

ウィリアム・F・バックリー・ジュニア

バックリー・シニアは、テキサス大学オースティン校の在学中から州の公有地管理局で通訳の仕事に従事したのち、法律の学位を取得して卒業するとメキシコに渡った。時代はメキシコ革命の折である。そこでかれは二人の兄弟とともに、石油掘削の事業にかかわって最初の財を成した。また、バックリー・シニアは一九一七年に仕事で出向いたルイジアナ州のニューオリンズで、南部の名家の出でありカトリック信徒であるアロイーズ・スタイナーと出会って結婚している。

一九二一年、バックリー・シニアは反革命の嫌疑により、オブレゴン大統領によってメキシコから国外追放された。革命政権の無神論は、カトリックの信仰に篤いバックリー・シニアにとって許しがたいものだった。批判を公言して憚《はばか》らなかったバックリー・シニアが追放されたのは驚くべきことではなかった。

夫妻は三人の子どもたちを連れてアメリカに戻り、バックリー・シニアは事業を立て直すためにニューヨーク市に事務所を構えた。それとともに、コネティカット州のシャロンに邸宅――その邸宅はグレイト・エルム（大きなニレの木）と呼ばれた――を購入した。一九二三年のことだった。バックリー・ジュニアが一〇人兄弟の六番目として生まれたのはその二年後、一九二五年一一月二四日のことだった（Edwards 2010: 17）。

バックリー・ジュニアの幼少期は、コスモポリタンな貴族的生活に彩られたものだった。バックリー・ジュニアがまず物心ついて身につけた言語はスペイン語だった。ベネズエラでの石油ビジネスの関係で、バックリー・シニアは一九二〇年代後半から一九三〇年代のはじめにかけて家族を連れてヨーロッパにしばらく住んだ。そのためにバックリー・ジュニアは、フランスでまず教育を受け、五才のときにイギリスのカトリック系の寄宿学校に通った。

一九三三年、バックリー・ジュニアが七才のときに、一家はシャロンに戻った。当時は都市には失業者があふれ、西部の平原地帯では多くの農民が流民のように西へと逃れていった時代であるが、バックリー・シニアは邸宅に家庭教師の一団を雇い、絵画、語学、音楽を子どもたちに勉強させた。付近の子どもたちもそこで学び、文字どおりにそこは学校であったという。こうしてバックリー・

1　バックリー・シニアはテキサス大学とセント・エドワーズ・カレッジとの野球の試合に出場した際、審判を務めた神父の判定に腹を立て「この嘘つき神父」と言った学生を殴り倒したという（Markmann 1973: 11）。

ジュニアは、碾き臼のような時代の苦難にすりつぶされることなく成長した。それはバックリー・ジュニアの類まれな鷹揚さや寛容さを育んだと言える。

バックリー・ジュニアは一四才になると、ニューヨーク市から北に九〇マイルほどの小村、ミルブルックに開学していた私立学校、ミルブルック・スクールに入学した。最上級学年になる頃には、バックリー・ジュニアは、父親の勧めのもとアルバート・J・ノックの著作を読むようになった(Edwards 2010: 21)。

ノックは、次章で触れるロスバードのような、後続世代のリバタリアンたちに多大な影響を与えたオールドライトのひとりである。ノックは、のちにアメリカに帰化した英国人、フランシス・ニールソンとともに一九二〇年代に『フリーマン』誌を編集し、一九三〇年代にニューディール批判の一翼を担った。[2] 一九三五年に刊行した『われわれの敵、国家』という著作のなかでノックは、国家とは個人の富を何の補填もなく略取する手段を組織化したものにほかならず、本質的に反社会的なものであると主張した。反社会的な組織である国家の歴史的な起源は、ノックによれば征服と租税の徴発のなかに見出されるものだった。したがって、国家がおこなう戦争と税の徴収は本質的に社会に反するものである。ノックの立場は一貫しており、第二次世界大戦勃発直前の一九三九年、一九二四年にH・L・メンケンらが創刊した『アメリカン・マーキュリー』誌に寄稿した論考のなかでノックは、全体主義国家を特別視する議論を一蹴して、つぎのように記した。

「全体主義」国家の興隆によって、世界は新しい野蛮の時代に入りつつあると多くの者は今日考えている。そうではないのだ。全体主義国家は国家でしかない。全体主義国家がしているような類いのことは、変わらぬ規則性をもって国家がつねにしてきたことにすぎない（Nock 1991: 272-273）。

そのノックは、バックリー・シニアと親交があり、かれの邸宅グレイト・エルムにもたびたび訪れた。父親とその友人であるノックをつうじて、バックリー・ジュニアは若いころからリバタリアニズムの思想に親しんでいた。

ノックとの親交からもうかがえるように、バックリー一家はアメリカの参戦には反対だった。だが、ひとたびアメリカが参戦すると、バックリー・シニアの息子たちは軍務に就いた。バックリー・ジュニアはみずからのスペイン語を洗練させるために、メキシコ自治大学で短期間学んだのち、陸軍の士官候補生学校を経て、戦時中は国内の基地に勤務した。戦争が終わると、バックリー・ジュニアは学問を修めるために大学に戻り、一九四六年にイェール大学に入学した。

イェール大学で、バックリー・ジュニアはその後のキャリアを支援してくれる重要な師と出会うことになった。イェールに一九四七年に着任して教鞭を執った、ウィルモア・ケンドールである。

2　ニューディール期の知識人たちの思想的構図については（井上 2012）を参照のこと。

一九〇九年、オクラホマ州のコナワという町に南部メソジストの盲目の牧師の息子として生まれたケンドールは、父に本を読み聞かせるために早くから文字に親しんだ。ケンドールは幼くして才覚をあらわし、一〇代前半で地元の大学に入学し、一九二七年には野球にかんする本を出版するなど、その早熟ぶりで知られた。一九三二年にはローズ奨学金を得てイギリスに渡り、オックスフォードでR・G・コリングウッドの指導のもとロマンス語の研究に従事した。

一九三〇年代という激動の時期にあって、多くの若者たちがそうだったように、ケンドールもまたマルクス主義、とりわけトロツキーの思想に傾倒した。UP通信の特派員として一九三五年にスペイン内戦下のマドリードに赴いたケンドールだったが、その経験を経て、反スターリン主義の一点のみを保持したまま、かれは左翼思想から急速に離れることになった。

その後、ケンドールは専攻を政治学に変え、一九三六年に合衆国に帰国後は、保守主義者として知られたフランシス・ウィルソンという政治学者のもと、イリノイ大学で博士号を獲得した。ケンドールはその後、イェールに赴任するまでCIAの前身である戦略情報局（OSS）に勤務した。博士論文を基に出版された『ジョン・ロックと多数派支配の教説』（Kendall 1941/1959）は、アメリカ建国の思想的礎であるジョン・ロックの自然法の理解が、一見して伝統的な自然法理解への準拠とは裏腹に、トマス・ホッブズにも増して快楽主義を帯びたものに変質していると先駆的に指摘した研究であり、レオ・シュトラウスはケンドールに宛てた私信のなかで、そのロック解釈を高く評価した。

イェールのリベラルな教授陣のなかにあって、保守であることを隠さないケンドールの存在は、バックリー・ジュニアに大きな影響を与えた。そのケンドールの助力を得つつ、バックリー・ジュニアが卒業後の一九五一年に発表したのが、『イェールの神と人間』だった。なお、バックリー・ジュニアは前年の一九五〇年に、カナダのヴァンクーヴァーの資産家の娘であるパトリシア（パット）・テイラーと結婚するとともに、ケンドールの紹介で、ジェイムズ・バーナムを介しつつ、戦略情報局から改組されたCIAに就職した。結果的には九か月ほどであったものの、バックリー・ジュニアは訓練を受けた後にメキシコシティで任務に就いた。『イェールの神と人間』の出版の成功とパットの出産に促され、一九五二年の三月にアメリカに戻ったバックリー・ジュニアは『アメリカン・マーキュリー』の編集の職を得た（Bridges and Coyne Jr. 2007: 19-24）。

バックリー・ジュニアは『イェールの神と人間』のなかで、イェール大学の教授陣がいかに世俗主義に傾斜しているかとともに、学生たちにケインズの経済学を教えることによって、個人の自発的な創意や個人間の自由な交換ではなく上からの統制を積極的に是認する集産主義を植えつけているかを批判した。『イェールの神と人間』は、保守の卒業生によるリベラルな大学批判という体裁をとるものであるが、そこにはその後のバックリー・ジュニアの基本的な思考の型が示されているだけでなく、融合主義の萌芽をも見出すことができる。若きバックリー・ジュニアは『イェールの神と人間』の序文のなかで、つぎのようにみずからの思考の出発点を示した。

神にたいする能動的な信念とキリスト教の諸原理を頑なに順守することは、善き生にたいしてもっとも強く影響を及ぼすものであると、わたしはつねに教わってきたし、そのような教えを経験のなかで強固なものにしてきた。わたしはまた、経済については乏しい知識しかもっていないものの、自由な企業と制限政府こそがこの国のために務めを果たすものであり、将来的にもおそらくはそうであり続けるだろうと考えている（Buckley Jr. 1951/2002 lxiii）。

そのうえでバックリー・ジュニアは、その『イェールの神と人間』の序文でみずからを「宗教と個人主義をむしばむ者たちと戦ってきた少数の者たちである」と自己規定している。バックリー・ジュニアによれば、もしも無神論と集産主義を唱える者たちと、キリスト教の原理と個人主義を唱える者たちの双方に等しく発言権が与えられれば、われわれ（キリスト教の原理と個人主義を唱える者たち）が正しく、かれら（無神論と集産主義を唱える者たち）が間違っていることが明らかになるだろう。だが実際には、発言の機会は一方に偏っており、それもあってかれらは勝利しつつあり、われわれは敗北しつつある。バックリー・ジュニアによるこの現状理解が象徴的に示しているように、戦後アメリカの保守の自己像は、本来的には正しい自分たちが敗北しつつあるというものだった。われわれは敗北しつつある側にあるという自己規定は、このあとに見るチェンバースにも通底するものである。のちにバックリー・ジュニアは『ナショナル・レヴュー』の創刊にあたって、この雑誌の役割は歴史の前に立ちはだかって、とまれと叫ぶことだと主張した。とめることのできない歴史の前で、絶望的ではあるがしかし気高いふるまいをすることのなかに、バックリー・ジュニアは戦後アメリカにおいて保守たることの基本的な態度を見出していった。

ただしバックリー・ジュニアにとって、こうしたふるまいがいかに絶望的なものであったとしても、それを放棄することはできないと思われた。バックリーは「キリスト教と無神論との決闘は、世界のなかでもっとも重要であるとわたしは思う。さらには、個人主義と集産主義との闘いは、別の水準で繰り返されている同じ闘いであると思う」(Buckley Jr. 1951/2002 xxxii)と『イェールの神と人間』の序文で述べている。この「別の水準で繰り返されている同じ闘い」という表現は、バックリー・ジュニアの事後的な申告によれば本人のオリジナルなものではなく、ケンドールの添削によって付け加えられたものだった(Buckley Jr. 1951/2002 lxvi)。バックリー・ジュニアは、転向知識人である師が施したこの二項対立的な表現を、自分のものとして受け入れていった。

3 崩壊した中流家庭のもとで

ウィテイカー・チェンバース(一九〇一―一九六一)は、アメリカ共産党の地下活動の一環として、一九三〇年代にアメリカ国内でソ連のスパイとして活動した人物である。のちに地下活動から足を洗い、一九四八年に下院の非米活動委員会で証言をおこない、国務省の高官だったアルジャー・ヒスがソ連のスパイであると告発したことで知られる。ヒスが実際にスパイであったかは、今日にお

ウィティカー・チェンバース

いても完全には確定していないが、ヒスは偽証罪で刑に服した。[3] ヒスはその後、亡くなるまで自らの身の潔白を訴えた。多くのリベラルたちは、ヒスは時代の犠牲者であると長らくみなしてきた。

チェンバースは、一九〇一年、フィラデルフィアに生まれた。幼少の名前は、ジェイ・ヴィヴィアン・チェンバースという。チェンバース一家はニューヨーク市のブルックリンに住んだが、弟のリチャードが生まれたのち、一家はニューヨーク市の東の郊外にあるリンブルックに移った。父親のジェイ・チェンバースはもともと『ニューヨーク・ワールド』紙の挿絵画家をしていたが、カメラの普及によって仕事を失い、本や雑誌のイラストで生計を立てるようになった。[4] ジェイは家庭を顧みる人物ではなく、数年にわたって家を空けることもあった。家族には毎週、わずかな額しか渡さず、家の修繕に必要な費用も一切出さなかったため、妻のラハ・ウィティカーがみずからの大切な宝飾品を質にいれて費用を工面した際も、それらを買い戻す金を渡さなかったという（Chambers 1952/2014: 73-74）。物心の両面で驚くほどの豊かさを兼ね備えていたバックリー・ジュニア一家とは対照的に、チェンバース一家は家族として実質的に破綻していた。

チェンバースは高校を卒業後、首都のワシントンDCとニューオリンズで建設の短期的な仕事を経験し、一九二〇年の秋にウィリアムズ・カレッジを一時的に経て、あらためてコロンビア大学に入学した。入学の際にテストを受けるとき、チェンバースはヴィヴィアンではなく、母親の姓であるウィティカーをファーストネームの欄に記入した（Chambers 1952/2014: 129）。

コロンビア大学でチェンバースは、多くの才能あふれる同級生たちと知り合うことになった。のちに美術史家として知られるようになるマイアー・シャピロや、『本を読む本』で知られ、シカゴ大学で「グレイト・ブックス（偉大なる書物）」の運動を展開したモーティマー・J・アドラー、文芸批評家として大成するライオネル・トリリングらがチェンバースの同窓生だった。かれらの多くは奇しくもユダヤ系だった。チェンバースはそうした友人たちの影響でヨーロッパやロシアの小説家の作品に親しみ、ロシア革命やボリシェヴィズムについての理解を深めた（Tanenhaus 1997: 22-23）。チェンバースは詩や戯曲の執筆で才能をあらわし、コロンビアの教師や友人たちから高く評価を受

3 ソ連の暗号電文を解読したいわゆる「ヴェノナ・プロジェクト」、とくにヴェノナ1822と呼ばれる暗号電文に記されているコードネーム「アレス」が、ヒスのことを指しているのかについては、アメリカにおいて長らく検討と議論が続けられてきた。アレスがヒスのことを指していると結論づける論者は多い。ただ、ワイルダー・フットという外交官がアレスであるという線も消えておらず、CIAは現在、サイトにおいて両論を併記している。
https://www.cia.gov/library/center-for-the-study-of-intelligence/csi-publications/csi-studies/studies/vol51no4/the-mystery-of-ales.html（最終閲覧日二〇二〇年一〇月六日）

4 『証言』のなかでチェンバースは、父親は政治にまったく関心をもたない人物だったものの、選挙の際には必ず共和党に投票し、一九一二年の大統領選では父親も祖父も、セオドア・ローズヴェルトやウッドロウ・ウィルソンではなく、ウィリアム・ハワード・タフトに投票したと記している（Chambers 1952/2014: 66）。

けた。ただ、学内の文芸雑誌『モーニングサイド』に掲載されたチェンバースの二作目の戯曲である『操り人形たちのための戯曲』が、反キリスト教的であると非難を浴びることになった。この一件に深く失望したチェンバースは、大学を去る気持ちを固めることになった。

一九二三年、チェンバースはシャピロ、そしてニューヨーク市立大学の学生だったヘンリー・ゾリンスキーとともに欧州大戦から間もないヨーロッパを旅行した。このヨーロッパ滞在は、チェンバースにとって重要な転機となった。チェンバースは『証言』のなかでこう記している。

わたしは画廊や美術館をみた。しかしわたしは、他のものもみた。わたしははじめて、歴史の危機とその大きさをみた。ドイツ人が自暴自棄の状態に陥っており、インフレにあえぎつつ、革命が起きることを期待しているなか、三国の軍隊がラインラントを占領し、難民が占領地から荒廃した国土に流入している、というだけではなかった。大戦の余波、北フランスの廃墟、ベルナノス〔フランスの作家〕であれば今日「月下の大墓地」と呼ぶだろうもの、だけではなかった。わたしを揺さぶったのは、第二次世界大戦は予想どおりに確実であるということ、文明がそれを生き延びることはほぼありそうにないということ、これらを示す徴候だった(Chambers 1952/2014: 156)。

世界に危機が迫りつつある。チェンバースはそれを痛切に感じて、アメリカに戻った。チェンバースは、戯曲の一件で一度離れた後、復学していたコロンビアで、ウェッブ夫妻、R・H・トーニー、L・T・ホブハウス、G・D・H・コールらフェビアン社会主義者の本を読み漁った。しかしそれらの書物のなかに、チェンバースは危機への答えを見出すことはできなかった。チェンバースが光明を見出したのは、レーニンのパンフレットや著作のなかだった。危機の克服のためには、テロルと独裁は正当化される。共産主義だけが、現下の危機にたいして実践的な答えを与えうる。チェンバースは確信を得つつあった。チェンバースはセンダー・ガーリンという人物をつうじてアメリカ共産党と接触した（Chambers 1952/2014: 158-159）。一九二五年のことだった。これ以降、チェンバースはコロンビアに復帰することはなかった。

チェンバースが共産主義に没入するもうひとつのきっかけとなったのが、長年にわたる母親の過干渉の重圧と短期間で破綻した結婚のあと、弟のリチャードが一九二六年に選んだ自死だった。チェンバースにとって自らの家族の崩壊した状態は、死に向かいつつあるこの世界の縮図であり、その毒が弟を死に至らしめたと思われた（Chambers 1952/2014: 149）。チェンバースは弟が正しい選択をしたと感じた。そのうえでチェンバースは、自分自身の選択をやりとげることを決意した。

4　ソ連のスパイとなって

入党後、チェンバースは党の機関紙である『デイリー・ワーカー』紙のニューヨーク事務所で働いた。一九二九年の秋ごろまで、チェンバースは『デイリー・ワーカー』の編集にかかわるとともに、『ニュー・マッセズ』誌に詩や書評を投稿するなどしていた(Tanenhaus 1997: 59)。一九二〇年代の後半は、レーニンの死去後、ソ連内部において激しい後継争いが生じていた時期である。トロツキーが失脚して国内追放に処されたのは一九二七年。さらに一九二九年には国外への追放が講じられた。トロツキーにとどまらず、スターリンによる左右の反対派の粛清は、アメリカ共産党にも当然のことながら波及した。

その当時、アメリカ共産党内部は、ブハーリンを支持するジェイ・ラヴストーンをリーダーとしたラヴストーン派、スターリン支持のフォスター派、そしてジェイムズ・キャノンやマックス・シャハトマンを指導者としたトロツキー派にわかれていた。党から最初に除名されたのはトロツキー派であり、つぎに党を追われたのは権勢を誇ったラヴストーン派だった。モスクワに招待されたラヴストーン派は、数か月にわたって拘束され、帰国が許されたのちに党から追放された。

チェンバースはそもそも、党の会合にほとんど姿をみせないことで仲間内から知られていたが、一九二九年に『デイリー・ワーカー』の事務所から姿を消した。チェンバースは『証言』のなかで「わたしはトロツキストであったことは当時もないし、その後も一度もなかった」(Chambers 1952/2014: 195) と書き記している。とはいえ、党内闘争が猖獗《しょうけつ》を極めたこの時期、党のあり方にチェンバースが疑問を抱いていたことは確かだった。ただ、チェンバースは共産党の外側に一時的に身を潜めたものの、党から完全に離れるという選択はとらなかった (Chambers 1952/2014: 216)。

一九三一年、この年はチェンバースがエスター・シュメーツと結婚した年であるが、チェンバースはふたたび党活動の表舞台に姿をみせた。チェンバースが『ニュー・マッセズ』に投稿した作品が反響を呼び、それはモスクワにおいても高く評価をされた。これをきっかけとして、一九三二年にチェンバースは『ニュー・マッセズ』の編集人に名を連ねることになり、いくつかの号の編集にかかわった。

だが、名のある雑誌編集人としての華々しい返り咲きの期間は、実際には長く続かなかった。チェンバースは、党の幹部のひとり、マックス・ベダハトからの突然の命令により、党の地下活動、具体的にはソ連共産党の指示を受け、アメリカ政府にたいするスパイ活動に従事することになった。

一九三〇年代、連邦政府内には、アメリカ共産党員あるいはアメリカ共産党とかかわりをもつ者からなるグループが形成されていた。このグループを率いていたのは、農業問題の専門家であり、ニューディール期には農業調整局に勤務していたハロルド・ウェアだった。かれの名前をとり、このグループはウェア・グループと呼ばれた。ウェアは一九三五年に偶発的な自動車事故で亡くなることになるが、党地下活動の責任者だったJ・ピーターズと連携しつつ、党と連邦政府内の党関係者とをつなぐ重要な役割を果たした。一九三四年の春に、チェンバースはピーターズを介してニューヨーク市内ではじめてウェアと顔をあわせた（Chambers 1952/2014: 282）。

チェンバースの回想にしたがえば、ウェア・グループそれ自体は第一義的には諜報のための集団ではなかったという。このグループの役割は、政府職員のなかにメンバーを獲得することにあるとともに、そのメンバーをつうじて党にとって有利な影響を政府の政策に与えることにあった(Chambers 1952/2014: 288-289)。アルジャー・ヒスもまた、このウェア・グループのメンバーだったという。

チェンバースは、グループのメンバーには「カール」という名前のヨーロッパ人として紹介された。チェンバースはもちろんアクセントのない英語を話したが、アメリカ人にはおよそ似つかわしくない皮肉をこめた話し方や思考は、かれの正体を隠すには好都合だった。あるときチェンバースがヴォルガ・ドイツ人のことを話したことをきっかけとして、ヒスは自分のことをヴォルガ・ドイツ人であると考えただろうとのちに回想している(Chambers 1952/2014: 295-296)。

チェンバースは当初、ウェア・グループとの関係を保ちつつ、ソ連から派遣されていたエージェントのもとでイギリスや日本に諜報組織を設立する準備などに加わっていたが、一九三六年の秋に新たに着任したエージェント、ボリス・ブコフのもとで、任務はより機密性を帯びたものに変化していった。チェンバースは、ブコフのもとで明確に諜報活動に携わるようになった。ソ連を取り巻くヨーロッパと極東の情勢が厳しくなるなか、政府内の関係者からドイツと極東の動向などにかんする政府文書を預かり、それを写真に収めてフィルムをブコフに渡すという任務に従事した。『証言』のなかではチェンバースは、ヒスを含めたウェア・グループ、あるいは別のグループに属する複数人の政府関係者から政府文書を受け取る様子を詳細に描いている。

しかし、当初からブコフに疑念をもたれていることを感じていたチェンバースは、諜報活動から足を洗うことを一九三七年には固めつつあった。大学時代からの友人だったシャピロは、ジョン・デューイを委員長としてモスクワ裁判でのトロツキーの有罪を調査する調査委員会のメンバーであり、調査委員会は一九三七年にメキシコシティに赴いて、トロツキー本人から事情を聴取する活動をつうじて、トロツキーは無罪であるという結論を委員会内部において固めていた。チェンバースはシャピロをつうじて、調査の経過を知らされていた。チェンバースは、シャピロとの関係を断つようにブコフから指示を受けていた（Tanenhaus 1997: 118）。チェンバースはまた、ブコフからモスクワを訪れるようにたびたび促されてもいた。

チェンバースのなかで、共産主義という大義への献身と、党への忠誠は、もはや維持することが困難だった。『証言』のなかではこう回想されている。

一九三七年に、わたしはマルクスの教義とレーニンの実践を否定した。経験と記録がわたしに確信させたのは、共産主義は全体主義の一形態であり、その勝利が意味するのは、その支配下においてあまねく生じる人間の隷属であり、人間の精神と魂にとっての霊的な夜である。命の危険、あるいはわたし自身や家族にふりかかるその他の悲劇がどのようなものであろうと、わたしは共産党と手を切る覚悟をした。ただ、共産主義の欺瞞的な悪がその影響下にある者を掌握する力はあまりにも強いため、その当時、仮に誰かに問われたなら、こう答えただろう、「わたしは勝者の側を去って敗者の側に向かいつつあることはわかっている。しかし共産主義のもとで生きるよりも、敗者の側で死ぬほうがよい」と（Chambers 1952/2014: 469）。

チェンバースは周到な準備を経て、一九三八年に姿を消して潜伏した。共産主義を捨てたチェンバースは、一九四一年から一九四二年にかけてプロテスタントの一宗派であるクェーカーに帰依し、家族もそれに従った（Tanenhaus 1997: 171）。

チェンバースにとって共産主義の悪とは、どのようなものとして捉えられるに至ったのだろうか。チェンバースは『証言』のなかの、自分の子どもたちに宛てた手紙という形式をとった序文のなかで、「わたしは共産主義のなかに、われわれの時代の凝縮された悪の核心を見出す」（Chambers 1952/2014: xxxvii）と記した。チェンバースは、「哲学者たちは世界をさまざまに解釈してきたにすぎない。重要なことは世界を変革することである」というマルクスの有名なフォイエルバッハ・テーゼに触れ、こうした発言はなんら新しいものではなく、禁断の実を食べると「神のようになれる」と蛇にささやかれる旧約聖書の知恵の樹の話に遡るほど人間にとって古いものであると示唆した。

チェンバースにとって、「共産主義のヴィジョンは、神なき人間のヴィジョンである」と結論づけられた。単に唯物論は無神論であるということではなかった。自分が創造されたものであるということを忘却し、神を畏れず、なにものにも制約されない創造者になるという思い上がりこそが共産主義の根底にあるヴィジョンであり、そこにチェンバースは根源的な悪を見出したと言える。それにたいして、そのような悪への隷属から自由になる道筋はチェンバースにとって、魂が必要とするものに向かうこと、すなわち自由の唯一の保証者である神に向かうということを意味した。

5　ニューディールという革命

シャピロにくわえて、同じく大学時代の友人でありトロツキストのジャーナリストであるハーバート・ソローの助けを得て、チェンバースは潜伏を続けた。チェンバースはデューイの助力を求めるべく、デューイの忠実な弟子であり、チェンバース自身も面識のあるシドニー・フックに、ソローを介して言づけてくれるように頼んだ。だがデューイは、チェンバースの懇願を受け入れなかったという。デューイは、反党分子であるチェンバースに助力することによって、トロツキー調査の報告書の信頼性が損なわれることを危惧した（Tanenhaus 1997: 144）[5]。

刺客を差し向けられるかもしれない恐怖と金銭的な困窮にさいなまれた潜伏の期間を経て、チェンバースは一九三九年、『タイム』の編集者として表の世界にふたたび姿をあらわした。チェンバースは潜伏中に、ロシア生まれのユダヤ系移民であり、反共ジャーナリストだったアイザック・ドン・レヴィーンと知り合い、このレヴィーンとの関係を深めた。チェンバースはレヴィーンを介

5　フックはこの点をめぐって、「温和な立ち居振る舞いの下で、デューイは抜け目ないヴァーモント人だった」と書きつつも、デューイの決定の「知恵と賢慮」に自分は同意したとのちに書き記している（Hook 1987: 283）。

して、ヨーロッパで諜報活動に従事し、のちにスターリンと袂を分かち、フランスを経由してアメリカに逃げてきたウォルター・クリヴィツキーとレヴィーンのアパートメントで対面している。[6]『証言』によれば、ふたりはドイツ語を共通言語として、共産主義のファシズム的性質について翌日の昼近くまで語り合い続けた。両者がお互いに胸襟を開いたのは、「ソヴィエトの政府はファシストの政府か」というクリヴィツキーの問いに、チェンバースが即答せず、しばらくの躊躇のあとに「そうだ」と答えたからだった。クリヴィツキーはチェンバースとの対話のなかで、「君は正しい。そしてクロンシュタットがその転換点だった」と語ったという（Chambers 1952/2014: 395）。クロンシュタットは一九二一年に起きた、水兵たちによるソヴィエトへの反乱であり、トロツキーはその鎮圧を断固としておこなった。

チェンバースがクリヴィツキーとの対話をつうじて『証言』のなかに書き留めていることのひとつは、「具体的にみれば、元共産主義者というのは存在しない。存在するのはただ、革命家と反革命家だけだ」という言葉である。クリヴィツキーにしたがえば、二〇世紀の政治は革命をめぐる政治であり、歴史は革命と反革命の相互作用をつうじてのみ把握可能である（Chambers 1952/2014: 397-398）。この相互作用をめぐってチェンバースが指摘しているのは、反革命と保守主義に共通するところはほとんどないということだった。革命に抗する闘いは、全面的な犠牲を避けられないものであるし、ましてや勝利できないものであるのにたいして、保守は、まさに保守することが第一の望みであるがゆえに犠牲を払うことには懐疑的である。つまり革命に抗する闘いに、保守は適さないということである。その一方で、敵の性格をよく知っており、しかも自己犠牲を厭わないのは、元共産主義者をおいて他にはいない。

バックリー・ジュニアがのちにチェンバースにかんして回想しているとおり、チェンバースは保守ではなく、反革命として自己を規定した（Chambers 1952/2014: xiv）。ただ、クリヴィツキーやチェンバースらによる革命と反革命の相互作用という歴史理解は、かれらの理解を超えた射程をもつものであったように思われる。つまり、共産主義という革命に抗するかぎり、バックリー・ジュニアたちもまた、純粋に保守ではいられなかったというのが実際だった。これは二重の意味においてである。第一には、バックリー・ジュニアたちは、キリスト教的価値や人格の自由といった価値を守ろうとしたものの、その守り方はしばしば、それ自体を自発的に保守するというよりもむしろ、なにかからそれを守るという防御的な色合いを多かれ少なかれ帯びざるを得ないものになった。これはネオコン第一世代のような後続の転向保守たちにも言えることだった。第二には、バックリー・ジュニアたちもまた、革命を遂行する側と同程度に、排除や追放をともなう党派的争いに否応なしにかかわらざるを得なかった。バックリー・ジュニアのように転向を経験せず、個人としても鷹揚さを兼ね備えた者であっても、そうした争いから無縁でいることはできなかった。誰もかれもみな、

6　一九四一年二月、クリヴィツキーはワシントンDCのホテルで謎の死を遂げた。遺書を残しており自殺と判断されたが、チェンバースはそうは考えなかった。

戦後アメリカの運動としての保守主義にかかわる者は、チェンバースと同様に、反革命という刻印を身に帯びることを避けることはできなかったというのが実際だった。

とくにニューライトの場合、抗すべき革命は対外的な共産主義だけではなかった。フランクリン・ローズヴェルト政権のニューディールもまた、ニューライトにとってはまごうことなき革命だった。そうした理解は、ノックをはじめとするオールドライトの潮流から思想的に継承されたものでもあるが、官僚のなかの共産党の同調者を実際に知っていたチェンバースのような者の経験もまた、大きなインパクトを与えるものだった。

独ソ不可侵条約が締結された直後である一九三九年九月、ローズヴェルト政権とのパイプをもつレヴィーンは、国務次官補の立場にあったアドルフ・A・バールにチェンバースを引き合わせた。チェンバースはバールにみずからの地下活動の内容を明らかにするとともに、ヒスを含めて政権を支える官僚のなかに多くの共産党の同調者がおり、かれらのなかの少なくない者が諜報活動に関与していることを伝えた。

チェンバースにとってバールとの面会は決死の覚悟でなされたものだった。しかし、この面会のあと、いくら待っても何も起きることはなかった。レヴィーンを介して伝わってきたことは、バールからの報告を受けたローズヴェルト大統領はその報告を一笑に付したということだった(Chambers 1952/2014: 405-406)。

この経験を踏まえてチェンバースは、共産主義は自分が考えていた以上に政府のなかに根を下ろしており、共産主義者たちが問題視されることは、リベラルたちにとって自分たちが問題視されることに等しいのだということを理解した。そのうえでチェンバースが理解したことは、ニューディールが改革運動であるというのは表面的なことにすぎず、実際にはそれは、間違いなく革命であるということだった。

ニューディールはまさに革命であり、そのもっとも深い目的は、既存の伝統の内部での改革ではまったくなく、アメリカという国の内部の社会的な関係、とりわけ権力関係の根本的な変化だった。それは暴力による革命ではなかった。それは簿記と立法による革命だった。それが成功するかぎりで、政治の権力はビジネスの権力にとってかわられた（Chambers 1952/2014: 407）。

ノックのようなオールドライトにとって、ニューディールは個人の富の略取を正当化したものだったが、チェンバースにとってニューディールは、内なる革命の脅威として映っていた。ソ連の元スパイという経歴に裏づけられたこのチェンバースの考察は、ニューライトの知識人たちに反共主義の重要性を知らせるのに十分なものだった。

6　マッカーシズムを擁護する

ウィスコンシン州選出の上院議員だったジョセフ・マッカーシーは一九五〇年二月、ウェストバージニア州のホイーリングでおこなった演説のなかで、自分は手元に国務省のなかにいる共産党員二〇五名のリストをもっていると発言し、一大センセーションを巻き起こした。その後、マッカーシーはこの人数を五七人に訂正するなどしたが、上院に設置された調査委員会で政府関係者を喚問していった。いわゆるマッカーシズムである。

このマッカーシズムは今日、冷戦初期のアメリカの集団的ヒステリーの一例として歴史的に位置づけられる。ただ、当時からニューライトは、このマッカーシズムを擁護する言論活動を展開した。バックリー・ジュニアは引き続きケンドールの助けを借りつつ、イェール大学の時代の友人であるL・ブレント・ボゼルとの共著のかたちをとって『マッカーシーとかれの敵たち――記録とその意味』を一九五四年に出版した。

このなかでバックリー・ジュニアたちもまた、マッカーシーのやり方にはたしかに問題があったことを認めている。

状況の深刻さに注意をひくために、マッカーシーは意図的に、かれが所持している証拠をセンセーショナルなものにみせた。おそらくはまた、共産主義の問題がもつ複雑さは、かれの取り組みの当初、ジョー・マッカーシーにはみえていなかった(Buckley Jr. and Bozell 1954/1995: 53)。

国務省の職員にかんする捜査機関からの情報提供があったことは確かであるとはいえ、多くの者は共産党員ではなかった。それゆえに、「ここにわれわれが握っている五七名の活動やつながりは不穏なものである。おそらくかれらの数名、否、おそらくかれらの多くは共産党員ではない。だが、かれらの誰も国務省に勤務すべきではない」とマッカーシーは言うべきだったとバックリー・ジュニアたちは指摘した(Buckley Jr. and Bozell 1954/1995: 54)。しかし実際にはマッカーシーはそのようには言わなかったために、かれの告発は問題の把握を困難にしてしまったとバックリー・ジュニアたちは総括した。

ただし、重要なことは、ある者が共産党の正式な党員だったのかどうかということではなく、その者が合衆国の利益を増進させる職員であるのかどうかだとバックリー・ジュニアたちには思われた。そのうえで、その者の主観的な意図とは関係なく、「過去の実績と現在の態度に基づいて、われわれの大義を妨害する職員を排除するよう、われわれの安全保障問題は設計されなければならない」とバックリー・ジュニアたちは主張した(Buckley Jr. and Bozell 1954/1995: 252)。

こうした利益や大義を根底において支えているものを、バックリー・ジュニアたちは『マッカーシーとかれの敵たち』のなかで「オーソドキシー」と呼んだ。オーソドキシーとは、個々の判断の前提として人びとのなかに正統なものとして行きわたっているものであり、バックリー・ジュニアたちはケンドールからこの概念を受け継いだ。アメリカは「共産主義を排除する」という点を特徴としたオーソドキシーのもとに結集しつつあるというのが、バックリー・ジュニアたちの主張だった（Buckley Jr. and Bozell 1954/1995: 311）。この新しいオーソドキシーをアメリカ社会のなかにしっかりと確立しようとしたのが、マッカーシズムであったとバックリー・ジュニアたちは強調した。

バックリー・ジュニアたちは、英国の議会主義を例として挙げている。英国において議会主義の順守に強制力は必要とされない。それは誰からも疑問をもたれないまでに英国のなかに根づいており、オーソドキシーとして成熟している。それにたいしてマッカーシズムは「まだつくられている最中」のオーソドキシーであるがゆえに、社会的制裁だけでは十分に機能せず、そのために法的な制裁も必要であるとバックリー・ジュニアたちは主張した（Buckley Jr. and Bozell 1954/1995: 318）。バックリー・ジュニアたちは『マッカーシーとかれの敵たち』のなかで、法的な制裁の使用についてつぎのように述べた。

たしかにバランスのとれたリバタリアンは、自由な社会の多数派のメンバーは絶対に「急いで」はいけないとは考えていないし、どのような状況下でも、法令集が簡便なかたちで提供してくれる近道を使わないとは考えない。かれは、法的な制裁が用いられなければならないような時勢をよくわかっており、われわれが今日、そのような時勢のなかを生きていることもわかっている。かれは自由な社会の多数派に、拘束力のある不必要な法的措置を採用しないように助言するだろうが、必要な措置、すなわち状況の緊急性が要請する措置を採用するのを躊躇しないようにも助言するだろう（Buckley Jr. and Bozell 1954/1995: 328）。

「バランスのとれたリバタリアン」とは一体どのようなリバタリアンだろうか。たとえば次章で触れるロスバードであれば、このような立場には絶対に疑義を表明しただろう。共産主義を排除するためであれば、国家の強制力の使用を容認するという時勢に押されたバックリー・ジュニアたちの姿勢からは、その後に確立される融合主義のなかで反共主義が優先され、リバタリアニズムや伝統主義がしばしば二の次にされてしまう萌芽がすでにみてとれる。

チェンバースは、バックリー・ジュニアたちの『マッカーシーとかれの敵たち』に序文を寄せることを依頼された際、それを断わった。一九五四年二月七日付の、チェンバースがバックリー・ジュニアに宛てた手紙のなかで、チェンバースは『マッカーシーとかれの敵たち』自体を評価しつつも、マッカーシーについてはつぎのように書き記している。

実際のところ、マッカーシー上院議員がある日、なんらかの取り返しのつかない大失敗をするだろうという恐れを感じつつ、われわれは生きていると言うのは誇張ではないのです。そのような大失敗は、われわれの共通の敵の思うつぼであり、今後長きにわたって反共の取り組み全体の信用を落とさせることでしょう（Buckley Jr. 1969: 52）。

チェンバースはこのように、反共の適切な遂行という観点から、革命の側にある「敵」の存在を意識した二項対立的な絵図のなかで、バックリー・ジュニアにマッカーシー批判を書き送っている。ただし次節で触れるように、チェンバースはバックリー・ジュニアたちとの見解の相違を自覚しつつ、一度は固辞した『ナショナル・レヴュー』への参加を最終的には受け入れていった。その意味でチェンバース自身、原則と状況の間で必ずしも硬直した判断に固執したわけではなかった。

7 『ナショナル・レヴュー』誌の創刊

『マッカーシーとかれの敵たち』の出版の翌年、バックリー・ジュニアは大きな仕事に踏み出した。『ナショナル・レヴュー』の創刊である。この創刊は、オーストリアに生まれ一九三〇年代末にアメリカに渡った、元共産主義者のジャーナリスト、ウィリアム・シュラムがそもそも構想したものだった。シュラムは一九四〇年代にヘンリー・ルースのもとで仕事をしたあと、一九五一年に『フリーマン』の編集に移り、その仕事をつうじてバックリー・ジュニアに出会った。当初、シュラムはヘンリー・レグネリーに声をかけたが、レグネリーはその誘いを受けなかった（Bridges and Coyne Jr. 2007: 29）。そこでシュラムは、バックリー・ジュニアに打診し、若き才能は魅力的なその打診を受け入れた。なお、シュラムはこの縁で、『マッカーシーとかれの敵たち』の編集にかかわった。[7]

一九六〇年代末に『ナショナル・レヴュー』の主任編集人《シニア・エディター》になったジェフリー・ハートの回想によれば、ニューディール・リベラリズムがアメリカに浸透した理由のひとつは、『ニューリパブリック』誌や『ネイション』誌のようなリベラルな教養層が読む有力な雑誌があるからだとバックリー・ジュニアは考えていた（Hart 2005: 8）。それにたいして、それらの雑誌に相当するものを保守の側はもっていないとバックリー・ジュニアには思われた。この間隙を埋める必要があった。

シュラムとバックリー・ジュニアは創刊に向けて準備を進めていった。鍵となるのは創刊のための資金と人員を集めることだった。創刊に際して必要な資金は五五万ドルと見積もられ、創刊直前までに二九万ドルを集めるとともに、バックリー・シニアがさらに一〇万ドルを出資した（Bridges and Coyne Jr. 2007: 34）。当初、四月を予定していた創刊は資金集めが難航したため、一一月に延期された。人員の面では、スザンヌ・ラフォレットが実務面を担う編集主幹《マネージング・エディター》に就いた。ノックの薫陶を受けたリバタリアンであるラフォレットは、デューイを委員長とするトロツキー調査委員会の事務局を務めた後、一九五〇年代には『フリーマン』の編集人を務めていた。バックリー・ジュニアの卒業後の一連の著作に影響を及ぼしてきたケンドールも、編集人として参加した。

7　シュラムは一九五七年に『ナショナル・レヴュー』を去ってヨーロッパに戻り、ジャーナリストとしての活動を続けた。

シュラムとバックリー・ジュニアは、チェンバースにも編集人として名を連ねてくれるように頼んだ。だが、チェンバースは、バックリー・ジュニアたちと現下の国内の政治状況について多くの見解の相違があった。すでに触れたように、バックリー・ジュニアたちにとってマッカーシーは反共主義の英雄だった一方で、チェンバースにとってマッカーシーは容認しがたい政治家だった。他方でチェンバースにとって、リチャード・ニクソンはヒスをめぐる自分の証言を信頼してくれた政治家として恩人のような存在だったが、バックリー・ジュニアたちにとってニクソンは、ロバート・タフトと比較して本当に保守であるのかが疑わしい存在だった。さらにチェンバースは、ドワイト・D・アイゼンハワーを現下の状況下で共和党において信頼できる指導者であるとみなすに至っていた（Tanenhaus 1997: 487）。それにたいしてバックリー・ジュニアたちは、タフトの後継者であり、ニクソンのライバルだったウィリアム・ノーランドを熱烈に支持していた。一九五五年の九月、訪ねてくれたシュラムとバックリー・ジュニアを丁重にもてなしつつも、チェンバースは『ナショナル・レヴュー』に参加しないことを伝えた（Tanenhaus 1997: 492）。

とはいえ、チェンバースはバックリー・ジュニアとの連絡を保ち、次章で扱うマイヤーとの交流もありつつ『ナショナル・レヴュー』に側面からかかわることをやめてはいなかった。みずからの原則に立てば受け入れがたい点は多かったものの、チェンバースは『ナショナル・レヴュー』が右派の運動にとって実効力をもつ雑誌になりうるのかどうかを注意深く見極めていた。体力の衰えを感じていたということもあるとはいえ、最終的にチェンバースは一九五六年の七月、『ナショナル・レヴュー』への参加を承諾した（Tanenhaus 1997: 500）。それはチェンバースなりの賢慮に基づく判断だった。

さて、ケンドール、チェンバース、マイヤーにくわえて、『ナショナル・レヴュー』の創刊に際して編集人の列に加わった重要な知識人として、ジェイムズ・バーナム（一九〇五―一九八七）にも触れておきたい。バーナムは、バックリー・ジュニアともチェンバースともまた異なる出自と半生を経て『ナショナル・レヴュー』に至った。バーナムは一九〇五年、シカゴに生まれた。父親のクロード・バーナムは、中西部の鉄道事業で若くして成功を収めたビジネスマンだった。

ジェイムズ・バーナム

バーナムは長じてプリンストン大学に入学し、文学と哲学を学んだ。後年のバーナムからすれば意外なことに、歴史や政治学をまったく履修しなかったという（Kelly 2002: 11）。首席の成績で卒業するという栄誉を得たバーナムは、英国に渡りオックスフォードのベリオールカレッジで引き続き英文学と中世哲学を専攻した。バーナムは当地でJ・R・R・トールキンの指導を受けている。一九二九年、アメリカに帰国したバーナムは、ニューヨーク大学ワシントンスクエア校に赴任し、ルネサンスの思想や文学、美学を教えた。

政治的な関心をまったく持たなかったバーナムに転機が訪れたのは、一九三〇年代に入りアメリカと世界が恐慌に覆われるようになってからだった。マルクス主義には否定的だったバーナムだったが、ニューヨーク大学の同僚だったシドニー・フックのプラグマティズムとマルクス主義との接点を探る視座に触発され、バーナムはすこしずつ考えを変えていった。一九三二年にはバーナムは、みずからが編集を担っていた『シンポジウム』という雑誌にトロツキーの『ロシア革命史』の書評を書き、それがトロツキー自身の目にとまっている（Kelly 2002: 33-35）。マルクス主義的な世界把握の視点を深めつつ、状況を理論的に捉えようとしていたバーナムは非マルクス主義的な著作にも目を配り、一九三三年にはアドルフ・バーリとガーディナー・ミーンズが前年に刊行した『近代株式会社と私有財産』に大きな影響を受けている。

一九三三年、バーナムはフックの誘いを受け、アメリカ労働者党に入党した。バーナムは大学の講義では変わらずダンテやルネサンスについて講義を受け持ちつつ、ニューディール批判に従事していった。一九三四年にはアメリカ労働者党は、アメリカ共産党を追われたキャノンやシャハトマンらトロツキー派のアメリカ共産主義連盟と合流し、バーナムは機関誌『インターナショナル』の共同編集人として、ニューディール批判を続けるとともに、スターリン主義批判も精力的におこなっていった（Kelly 2002: 52）。

バーナムは、トロツキーに全面的に賛成することには理論的に躊躇を感じ続けていた。とくに、いかにそれが堕落したものであってもソ連を無条件に労働者国家とみなすトロツキーには賛成できなかった。あまりにも集権的な党組織建設のあり方についても、違和感は払拭できなかった。とはいえ、一九三七年、バーナムは社会主義労働者党の結党に参画し、献身的に活動に参加していった。大きな転機となったのは、一九三九年八月の独ソ不可侵条約の締結と、その後のソ連によるポーランド侵攻だった（Kelly 2002: 80）。バーナムにとって、これは明らかにソ連による帝国主義的な行動にほかならなかった。だが、トロツキーはソ連が原理的に帝国主義的行動をとることはありえないという立場を崩さなかった。主流派を成すキャノンと、バーナムのような少数派との意見の相違はあまりにも著しくなっていった。一九四〇年、この年の八月にトロツキーは暗殺されることになるが、キャノンを支持するトロツキーはバーナムを公式の媒体で激しく非難した。バーナムら少数派は、社会主義労働者党を離れ、別の組織をつくった。しかしバーナムは、この別の組織からもすぐに離脱し、マルクス主義への献身それ自体を捨てるに至った。バーナムが『経営者革命』を出版したのは、その翌年、一九四一年だった。

バーナムは『経営者革命』のなかで、資本主義か社会主義かという二項対立では把握不可能な、新しい形式の社会が生まれつつあることを唱えた。資本主義は永続しないが、かといってマルクス主義者たちが構想するような社会主義が到来することもない。世界で生じつつあるのは、経営者社会という新しい社会がもたらされる社会革命であるというのが、バーナムの主張だった。バーナムによる経営者社会論のひとつの重要な点は、この社会を支配しようとしている新しい支配階級が、その革命を担っているということである。政治権力を獲得しようという闘争は、どのような社会においても貫徹されていると考えるバーナムは、経営者と呼ばれる新しい集団が支配階級としての地位を求めているとみなした(Burnham 1941=1965: 77)。経営者たちは、間接的に生産手段を所有し、国家を支配することで、支配階級の地位を達成しようとしている。こうした経営者革命という観点に立つなら、ロシアの社会主義も、ドイツのナチズムも、そしてアメリカのニューディールも、すべて等しく経営者階級による支配の貫徹の進行として捉えられるべきものだった。

支配階級の変容の背景にあるのは、今日の実質的な主権の帰属先が立法から行政に移行しているというバーナムの状況分析があった。

> 新しい型の社会では、主権は行政部局に帰属している。行政部局が規則を宣明し、法を制定し、命令を発する。議会から政府部局への主権の転位は、世界的規模で起こっている(Burnham 1941=1965: 155-156)。

行政国家こそ、経営者階級の支配の源である。かくしてバーナムは、チェンバースが経験に基づいて直感的に理解したニューディールの革命性を、理論的把握に基づいて定式化した。バーナムはこの定式化をつうじて、すなわち現下の革命を担い支配階級としての地歩を固めようとしている集団を経営者階級として措定することで、抗すべき内なる敵を明確にすることに貢献した。規定に用いられる概念、把握のための理論的構図、対抗するための戦略はその後の論者によってさまざまに異なるとはいえ、支配階級に抗することが戦後アメリカの保守主義の基本的な構えになったのは、バーナムに拠るところがきわめて大きい。

その後のバーナムは第二次世界大戦中に戦略情報局に勤務し、そうした活動のなかで対ソ強硬路線を主張する反共主義を強めていった。[8]『パルチザン・レヴュー』へのかかわりを保つなど左派としてとどまってはいたものの、マッカーシーをめぐるバーナムの両義的な姿勢、具体的には反・反マッカーシズムと呼びうるバーナムの態度は、かれを周囲から孤立させ、最終的にかれを『ナショナル・レヴュー』への参画に向かわせることになった。

*

バックリー・ジュニアのもとに紆余曲折を経たさまざまな転向知識人たちが集まり、『ナショナル・レヴュー』に集うニューライトたちは活動を開始していった。ただ、この新しい保守主義の潮流が、どのような基本方針のもとに集まっているのかという点が定まるには、まだしばらくの時間が必要だった。運動としての保守主義を結集させる、ニューライトの基本綱領と言える融合主義の形成については、次章で詳しくみることにする。

8　バーナムは戦後、戦略調整局にかかわり、第3章で触れる文化自由会議の設立にもかかわった。

第2章

ニューライトの思想

融合主義と『ナショナル・レヴュー』誌

1　ニューライトの思想的マニフェスト、融合主義

ニューライトは、さまざまな出自をもつ者たちの集合体であっただけでなく、そもそも保守主義とは何かをめぐるコンセンサスが当初からあったわけではなかった。そのために、保守主義とは何であるのか、とくに戦後アメリカの保守主義の正統な政治的方針をめぐる論争や対立、場合によっては排除が実際には生じた。たとえばアイン・ランドやジョン・バーチ協会は、バックリー・ジュニアたちによってニューライトから退けられた代表的な例である。

政治運動にはマニフェストが必要である。ニューライトは、体系的な思想を確立するには至らなかった一方で、このマニフェストとして機能する思想を手に入れた。それを定式化したのが『ナショナル・レヴュー』誌に集ったひとりであるフランク・S・マイヤーだった。マイヤーが打ち出した保守主義思想は、融合主義と呼ばれる。マイヤー自身の融合主義は、客観的な道徳秩序が存在すると考える伝統主義と、個人の権利をなによりも優先するリバタリアニズムとを融合させるものとして一般的にはまとめられる。このまとめは誤りではないが、融合主義であるところの従来の保

守主義は今日、デニーンに依拠して序章でも触れたように「三脚の椅子」として表現される。つまり、伝統主義とリバタリアニズムにくわえて、反共主義によって構成されるのだが、では、マイヤーにとってこの三つの要素はどのような関係のものとして捉えられていたのだろうか。なによりも、マイヤーの思想が実際に展開されている『自由を擁護して――保守主義の信条』(一九六二年)が内在的に検討されることは少ない。そこで、この第2章の前半では、思想家としてはあまりにも素通りされがちなマイヤーの政治思想をかれの伝記的側面と併せて考察する。

融合主義が定着していくと、退けられたというよりもみずからその陣営から離脱したと言うほうが正しいが、戦後アメリカの保守主義の正統な方針のなかで受容される範囲を逸脱するリバタリアニズムは邪険に扱われるようになっていった。この点を、オールドライトの信念を引き継ぎつつ、ペイリオコンにも大きな影響を与えたマレー・N・ロスバードに仮託させて後半では論じる。マイヤーとロスバードとの対立をつうじて、融合主義の要素のなかの優先順位を浮かび上がらせることが、本章の役割である。

2　あるコミュニストの半生

フランク・シュトラウス・マイヤー(一九〇九―一九七二)は、一九〇九年、ニュージャージー州の工業都市ニューアークに生まれた。ユダヤ系の比較的裕福な家庭に一人っ子として生まれたかれは幼少の頃から病弱であり、過保護な両親のもとで本や思索を友として育った（Smant 2002: 1）。ただし、劇作家であるユージーン・オニールの息子、ユージーン・オニール・ジュニアとは少年期からその後まで親交が続いた。本章で後述するように、マイヤー夫妻はニューヨーク州のウッドストックに居を構え、オニール・ジュニアも一九五〇年に自死を遂げるまでウッドストックに住んだ。

マイヤーは長じてプリンストン大学に入学するものの、健康問題もあり学問を修めきることができずに退学し、あらためて英国に渡り、家庭教師についての一年の準備期間を経て、オックスフォード大学のベリオールカレッジに編入した。一九三一年のことだった。大恐慌で事業を失った父親は、前年に失意のなかでこの世を去っていた（Smant 2002: 3）。第一次世界大戦後に青年となり、大恐慌後にあらためて英国で大学に入りなおしたマイヤーは、同時代の多くの若者と同様に既存の社会にたいする大いなる幻滅を感じていた。オックスフォード大学でマイヤーは、カトリシズムにも触れたもののそれには飽き足らず、マルクス主義に急速に傾倒していった。一九三一年にマイヤーは英国共産党に入党した。入党後、マイヤーは党の活動家として頭角をあらわしていくことになった。

一九三二年、オックスフォードでの学位を取得したマイヤーは、党の勧めに応じてロンドン・スクール・オブ・エコノミクス（LSE）に入学しなおし、そこで学生たちのオルグ活動に従事した。翌年には、LSEの学生自治会の代表に選挙で選ばれるなど、マイヤーは確実に組織化の才能を発揮し、英国共産党のなかでの評価を高めていった。一九三四年、マイヤーは学則に違反して共産党のビラを学内で頒布したことを理由としてLSEから追放された。それをひとつの転機として、マイヤーは故国アメリカの共産主義運動のテコ入れのために、シカゴへ派遣されることになった。青春の日々を送った英国からは離れ難かったマイヤーだったが、党の命令は絶対のものであり、選択の余地はなかった（Smant 2002: 4-5）。

シカゴ大学の大学院生として学籍をもちつつ、マイヤーはあらためてアメリカにて、党の活動に従事していった。時代はちょうど、コミンテルンによって人民戦線が採用されていった時期と重なる。ブラウダーのもとでのアメリカ共産党は従来、ニューディールを社会ファシズムとして批判する立場を堅持していたが、方針を大きく転換し、人民戦線の旗印のもと、ノーマン・トーマスの社会党のみならずリベラルな勢力との共闘を模索していった。

フランク・S・マイヤー

当初、シカゴ大学も位置するシカゴのサウスサイドを任されていたマイヤーは、一九三八年にはイリノイ州からインディアナ州にかけての広域の教宣活動の責任者に任命されるとともに、党の附属機関であるシカゴ労働者学校の責任者に就くまでになった（Smant 2002: 7）。この労働者学校をつうじてマイヤーは、同じく党員であり、のちに妻となるエルシー・ブラウンと知り合っている。

一九三九年八月に独ソ不可侵条約が締結され、九月、ナチスドイツはポーランドに侵攻した。ソ連はファシズムとは異なり戦争の防波堤として尽力していると主張してきた、人民戦線派と呼ばれた知識人たちは、これによって回復不可能なまでの衝撃を受けることになった。

そうしたなか、一九四一年の独ソ戦の勃発によって、アメリカ共産党はふたたび反ナチスへと方針転換をはかり、ブラウダーは、ローズヴェルト政権がソ連を援助することを求めたばかりか、党員たちに積極的な戦争協力さえも求めた。マイヤーにとって党のこの方針転換は、単なる上からの命令以上のものだった。マイヤーはアメリカが第二次世界大戦に参戦すると、党の反対にもかかわらず兵役に就くことを熱烈に希望した。党との数か月のやりとりの後、承諾を得たマイヤーは一九四二年一二月、陸軍の士官候補生学校に入校した。しかし、マイヤーは身体的問題のために訓練課程を終えることができず、翌年に退校することになった（Smant 2002: 12-13）。

愛国的な情熱とは裏腹に陸軍入隊を果たせなかったマイヤーであるが、党を離れて軍に志願したことは、マイヤーにとって重要な転機となった。党の規律のなかで長らく生きてきたマイヤーはこの期間に、図らずも自分自身と党のあり方とを振り返る時間を得ることになった。マイヤーはなにもすることがない時間をしばしば訓練キャンプの図書館で過ごし、そこでアメリカ史の書物、とくに『ザ・フェデラリスト』を紐解いた。この思索の結果としてマイヤーは、ブラウダーにたいして長文の書簡を送り、アメリカの過去の伝統に根差した民主的な党へとアメリカ共産党を改革することを求めるに至った（Smant 2002: 13-15）。ブラウダーがマイヤーの進言を受け入れたかは定かでないものの、ブラウダー自身は英米ソのテヘラン会議を踏まえて戦後も米ソ協調が続くことを期待し、人民戦線的スタンスを継続していくために、アメリカ共産党を共産主義政治協会へと一九四四年に改組した。

マイヤーはその後、ニューヨークに移り、党の教育機関であるジェファソン・スクールで教鞭を執った。しかしマイヤーはもはや党内で出世からは外れた存在になっていた。しかも共産主義政治協会へと改組したアメリカ共産党自体、戦後をにらんだ国際的な情勢のなかで揺り戻しに直面しつつあった。一九四五年、「ブラウダー主義」が修正主義として否定され、反修正主義闘争のなか、ウィリアム・フォスターやユージーン・デニスらによってアメリカ共産党が再建された。マイヤーはブラウダーの失脚と暴力革命路線への復帰に反対したものの、それはまったく無視された。かつてチェンバースもかかわった『デイリー・ワーカー』誌に反論の書簡を寄稿したが、それも掲載はされなかった。もはや党の内部に自らの居場所はないことを悟ったマイヤーは、静かに党を離れた。一九四五年の秋のことである (Smant 2002: 16-18)。

英国で共産党に入党し、ニューヨークで党を離れたマイヤーは、人生のすべてだった一四年にわたる党員のキャリアを捨てて、新たに人生を立て直さなければならなかった。だが、それはもちろん簡単なことではなかった。ニューヨーク市から州都のオルバニーに向けて北に位置するウッドストックに住んでいたマイヤー一家は、党を離れたあとも引っ越し費用が捻出できずそこにとどまったが、ウッドストックは文人や芸術家が多く住む街であり、共産党関係者も少なくなかった。チェンバースのように非合法活動に従事したわけではないとはいえ、党を裏切ることがどういうことを意味するのかをよく知っていたマイヤーは、ライフルをベッドの横に置いて昼間に眠り、周囲が寝静まってから活動することを余儀なくされた。夜中に仕事をし、日中に睡眠をとるというマイヤーの独特な昼夜逆転の生活スタイルは、党が差し向けてくるかもしれない刺客に備えて、この時期に確立されたものだった（Smant 2002: 20）。

この潜伏の時期に、マイヤーは読書と思索をつうじて転向を模索していった。マイヤーが影響を受けたのは、当時まだ刊行されたばかりのフリードリヒ・ハイエクによる『隷従への道』（一九四四年）と、オッカム以来の唯名論のなかに道徳の衰退の起源を見出す、南部に深くルーツをもつ保守主義の知識人、リチャード・M・ウィーヴァーの『観念は結果をもつ』（一九四八年）だった（Smant 2002: 21-22）。ただ、すでにマイヤーのハイエク受容には一定の傾向があった。マイヤー自身の回想によれば、『隷従への道』はマルクス主義のイデオロギーから自由になるのに決定的な役割を果たしたものの、ハイエクが自由の擁護をもとづかせている功利主義的な基礎は哲学的に妥当ではなく、集産主義のイデオロギーにたいする十分な防壁にもならないとマイヤーには思われた（Meyer 1969b: 76）。ハイエクによる自由の擁護が、実際に功利主義に基礎づけられているかは疑問の余地が残るとはいえ、後述するように、人間の存在の構造にかかわる人格の自由を擁護するにはハイエクの思想では十分ではないとマイヤーには転向模索の当初から感じられていた。

一九四九年、マイヤーはＦＢＩに協力するとともに、ニューヨーク市で拘束された共産党員の証言に立つなど、かつての同志たちとの対決を明確に選んでいった。こうした活動をつうじて、マイヤーは新しい人びととの交流の機会を得ていった。マイヤーは、ヒスを告発したチェンバースを擁護する側にまわったジャーナリスト、ラルフ・デ・トレダノと知り合い、このトレダノをつうじてチェンバースの知己を得た（Smant 2002: 26-27）。チェンバースは最初、マイヤーを警戒したが、ほどなくふたりは親交を結ぶようになった。

一九五二年にマイヤーは『フリーマン』誌に寄稿するようになり、『アメリカン・マーキュリー』誌にも書評を寄せるようになった。こうした新しい、保守的な言論活動をつうじて、マイヤーはバックリー・ジュニアと知り合い、『ナショナル・レヴュー』の創刊に際して立ち上げメンバーとして参加していくことになる。

3　アメリカ保守主義のアイデンティティの模索

『ナショナル・レヴュー』の創刊によって、戦後アメリカにおける保守主義の結集の形式的基盤は確立されたと言えるものの、保守主義とは何か、とくに戦後アメリカにとっての保守主義とは何かという内容をめぐる模索は、その後も続いていった。

当時のアメリカにあって、一時的ながらも有力となった保守主義の潮流は、ニューコンサーヴァティズムと呼ばれる。ピーター・ヴィーレック（一九一六―二〇〇六）がこのニューコンサーヴァティズムの代表的な論者だった。ヴィーレックは一九四九年に『保守主義再訪』を刊行し、一九六二年にその改訂版を出している。ヴィーレックは左右の極端主義を排する中道主義のなかに戦後アメリカ保守主義のあり方を見出そうとした。同時代においてはラッセル・カーク（一九一八―一九九四）もまた、当時はニューコンサーヴァティズムのひとりとみなされていた。

カークのようにバークに依拠するニューコンサーヴァティヴたちは、時間の煉獄に耐えた変化は拒否する必要のないものとして、従来の保守であれば拒否しただろうものでも受け入れることができた。その最たるものが、ニューディールだった。南部農本主義やあるいはリバタリアニズムに依拠するオールドライトにとって、ニューディールは受け入れることのできないものであり、バックリー・ジュニアらニューライトにとっても、ニューディールは対決すべき対象だったのにたいして、ニューコンサーヴァティヴたちは、戦後においてニューディールを受け入れることに躊躇を感じてはいなかった。たとえばヴィーレックは「バーク的保守は今日、経済におけるニューディールの改革と政治におけるロック的な議会制自由主義とを、ここ〔アメリカ〕において保持すべき伝統として大事にしている」（Viereck 1949/2005: 145）と『保守主義再訪』の改訂版のなかで述べている。それゆえにニューライトたちにとって、ニューコンサーヴァティヴたちとは異なる保守主義のあり方を体系的に示すことは喫緊の課題だった。チェンバースは一九六一年、後年にかれを苦しめた心臓病によってこの世を去ったが、かれがバックリー・ジュニアに訴えていたのも、右派にはプログラムが必要であるということだった（一九五四年八月六日付バックリー・ジュニア宛ての書簡）（Buckley Jr. 1969: 69）。

そうしたなか、注目されるべき議論の応酬が一九六二年一月の『ナショナル・レヴュー』誌上でおこなわれた。それは、一九五九年に『保守主義の幻想』(Auerbach 1959) を刊行したリベラルの知識人のM・モートン・アウエルバッハによる保守主義批判に、M・スタントン・エヴァンス、マイヤー、カークが反論するというものだった。マイヤーの弟子と言えたエヴァンスが、『ナショナル・レヴュー』に『保守主義の幻想』の書評を掲載したことへの応答のかたちをとって、アウエルバッハが『ナショナル・レヴュー』に投稿した論考に、三人が反論をおこなった。

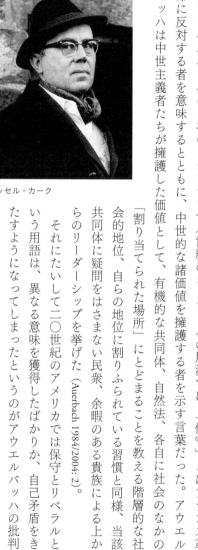

アウエルバッハによれば、そもそも一八世紀のヨーロッパの用法では、「保守」とはフランス革命に反対する者を意味するとともに、中世的な諸価値を擁護する者を示す言葉だった。アウエルバッハは中世主義者たちが擁護した価値として、有機的な共同体、自然法、各自に社会のなかの「割り当てられた場所」にとどまることを教える階層的な社会的地位、自らの地位に割りふられている習慣と同様、当該共同体に疑問をはさまない民衆、余暇のある貴族による上からのリーダーシップを挙げた (Auerbach 1984/2004: 2)。

ラッセル・カーク

それにたいして二〇世紀のアメリカでは保守とリベラルという用語は、異なる意味を獲得したばかりか、自己矛盾をきたすようになってしまったというのがアウエルバッハの批判だった。すなわち、行政国家ないしは福祉国家を好む者がリベラルと呼ばれ、私企業に自由に活動させることを政府に求める者が保守と呼ばれるようになった。要するに、古典的自由主義だったものが保守主義になった（Auerbach 1984/2004: 2）。

アウエルバッハによるもうひとつの批判は、ニューコンサーヴァティヴたちがアメリカにおいて保守主義とエドマンド・バークとを結びつけようとしている点に向けられた。アウエルバッハは、中世主義と古典的自由主義とを単一の政治理論のなかに無理に組みこもうとした人物としてバークを批判的に理解したうえで、ニューコンサーヴァティヴたちがバークによる古い過ちをあらためて繰り返していると指摘した。アウエルバッハは、ニューコンサーヴァティヴと同様にバックリー・ジュニアにたいしても同様な批判を向け、バックリー・ジュニアが私的な事柄にたいする政府の介入の制限を求める一方で「伝統」の知的順守を求めていると捉え、一貫性の欠如した「日曜大工的保守主義」であると批判した（Auerbach 1984/2004: 3-5）。

このようなアウエルバッハの批判にたいしてエヴァンスは、哲学的に重要な要素と、ある特定の時代の些末な要素とを区別できていないがゆえに、自然法と余暇のある貴族による上からのリーダーシップとのあいだに、何ら軽重の線引きができない誤りにアウエルバッハは陥っていると応答した。このことは、アウエルバッハが保守主義の哲学と「われわれの政治制度の形式」との関係を把握することができていないことにつながっていくとエヴァンスは指摘した（Stanton-Evans 1984/2004: 5-6）。

アウエルバッハは、保守的な諸原理と政治的自由との「必然的な分離」を理解していないとエヴァンスは反論した。エヴァンスにしたがえば、人間の目的とは、神的なものから生じる秩序にみずからの生を当てはめていくことにあるが、この目的に向かっていく人間は、誤りうる知性と気まぐれな意志によって妨害される。誤りうる人間に、仲間に及ぼすことのできる無制限な権力を与えてしまうことは、破滅的な結果をもたらすことになる。また、もし人間が気まぐれに堕落するのであれば、無制限な国家権力を託すことはできない。このふたつの理由から、「政府の権力の制限は、保守主義のもっとも高次の政治的目標である」とエヴァンスは述べた（Stanton-Evans 1984/2004: 6-7）。

そのうえでエヴァンスは、このような人間本性（人間の自然）と政治的自由との両立を、マディソンを介して合衆国憲法のなかに見出せると指摘し、アウエルバッハが一貫性の欠如とみなすところに、保守主義の中心をなす活力ある均衡をむしろ見出した（Stanton-Evans 1984/2004: 7）。エヴァンスは後に述べるマイヤーと同様に、バックリー・ジュニアを中心として『ナショナル・レヴュー』が模索しつつある保守主義は、建国の父祖たちが構想したことを復権させるものとしてみなしていたと言える。

エヴァンスの先輩格であるマイヤーによるアウエルバッハへの応答もまた、エヴァンスと同様の趣旨であるが、西洋が依拠する超越性の基盤をめぐっては、エヴァンスよりも踏み込んでつぎのように述べた。

アウエルバッハ教授が理解していないことは、西洋文明の基礎であるところの自然と人間の運命についてのキリスト教的理解は、つねにどこでも、保守たちが保持しようと努力しているものであるということである（Meyer 1984/2004: 8）。

マイヤーは、そのようなキリスト教に依拠した理解は、絶対的な真理と善の存在を受け入れると同時に、そのような真理と善を受け入れるか、それとも拒否するかの自由意志をもって人間は創造されているということを認識していると主張した。マイヤーにしたがえば、それゆえに保守主義には、真理と善を証し立てるための戦いをするだけでなく、個人の自由意志が実効性のあるかたちで行使される条件を設立することが求められるということだった。

アウエルバッハにたいするこうした応答の趣旨は、エヴァンスとほぼ同様である。エヴァンスの表現に即せば、保守的な諸原理と政治的自由の均衡こそが、建国の父祖たちから特別な遺産として引き継がれたアメリカの保守主義の基礎であることがマイヤーによっても繰り返された。ただし、反論の方向性はスタントン・エヴァンスとマイヤーとで同じであるものの、マイヤーにおいては自由意志が帯びている積極性に相対的に強調が置かれていると言える。

以上の点を踏まえて、マイヤーもまた保守主義と中世主義とを同一視する議論を批判した。「アメリカの保守たち」は、中世の条件に立ち戻ることを望んではおらず、人間の超越的目的と、人間がそのような目的に達することができる自由とのあいだの緊張関係を、近代の条件のなかで保持し発展させることを望んでいる（Meyer 1984/2004: 9）。マイヤーはこのように主張することで、従来の保守との距離を自覚的にとっていった。[1]

4 融合主義とは

アウエルバッハへの批判をつうじて析出したように、マイヤーにとって西洋文明の基礎にあるものはキリスト教であり、キリスト教が理解する人間の本性／自然を保持することが保守主義の課題のひとつとして措定されていた。ただし、その際の強調点が、自由意志に置かれていたのは、先にみたとおりである。『自由を擁護して』のなかでも、力点は一貫していた。

本書執筆の私の意図は、人格（person）の自由を、政治社会の中心をなす第一の目的として証明することである（Meyer 1962/1996: 33）。

1 カークによるアウエルバッハへの応答は、以下のような内容である。カークは、政治的な選好を硬直的なカテゴリーとして捉えるアウエルバッハは、政治理論とイデオロギーとを混同していると批判しつつ、政治的理念は、特定の時代や状況を離れてレオ・シュトラウスがいう「偉大な伝統」に依拠していると応答している。とくにカークは、バークのいう貴族制は中世主義に依拠するものではなく、（トマス・）ジェファソンや（ジョン・）アダムズにもつうじる自然な貴族制を論じる系譜に連なるものであることを指摘している（Kirk 1984/2004: 10-12）。

マイヤーはまずこのように、来るべき保守の擁護すべき理念として人格の自由の不可侵性を挙げた。もちろんマイヤーは、本章の後半で触れるロスバードのような多くのリバタリアンと同様に、財産や権利を擁護すべきときにはそれらを擁護している。ただ、擁護すべき第一の自由は人格の自由であることを強調するマイヤーのリバタリアニズムは、ロスバードらのリバタリアニズムとのあいだに力点の大きな違いがあった。これは、転向知識人であればこその、人格の自由の強調であると言えたかもしれない。

マイヤーは『自由を擁護して』の前年、クリントン・ロシターが監修した叢書の一冊として『共産主義者をつくりだす――党幹部の訓練』という著作を書き、そのなかで党員や党幹部の育成にかんしてと併せて、党幹部の内面についても論じている。史的唯物論の観点に立つなら、必然性の認識のなかに自由がある以上、主観性は党員にとって「大罪」であるとマイヤーは書いている（Meyer 1961: 153）。それゆえに、転向のなかで党と一体化した人格を切り離していく過程がいかに苦しいものであり、「魂の暗い夜」を経なければならないかについて、みずからの経験とチェンバースのそれとを併置させつつ、マイヤーは記した（Meyer 1961: 157）。こうした転向体験から出発しているマイヤーのリバタリアニズムは、本章の後半で触れるようにオールドライトの継承から出発したロスバードのリバタリアニズムとおのずから異なる力点をもつものになった。

『自由を擁護して』に戻れば、一九世紀の自由主義はその人格の自由を擁護するという重要な課題を忘却して功利主義へと傾斜していき、そのために二〇世紀には集産主義的リベラリズムに変容していった。その一方で保守主義もまた、社会を有機体としてしばしば描き、人格の自由を二次的なものとしてみなすために、この集産主義というドグマに有効に立ち向かえていない。このようにマイヤーは主張したうえで、そうした不十分な保守主義の潮流をニューコンサーヴァティズムと呼んだ。集産主義的リベラリズムとニューコンサーヴァティズムの双方を批判し、「善き社会、つまり善き政体についての保守的な基準」を発展させることがマイヤーにとって来るべき保守主義の目的として定められるべきものだった（Meyer 1962/1996: 37）。

マイヤーにとってニューコンサーヴァティズムに当てはまるのは、前述のロシターにくわえて、ヴィーレック、カーク、それにジョン・ハロウェルといった論者たちであり、『ナショナル・レヴュー』の同じ仲間だったカークは、とくにマイヤーにとって批判の対象だった（Meyer 1962/1996: 59）[2]。

永遠の秩序に基づく規範を探し求め、かつそれを尊重するという点で、マイヤーはニューコンサーヴァティヴたちに同意する。しかしかれらは、自分たちの置かれている社会状況を神の摂理によるものであるとみなすがゆえに、仮に集産主義であってもそれが事実として存在しているならば、そこに神の摂理を見出してそれを最終的には追認さえしてしまう。

2　本章が扱う論点以外にも、マイヤーとカークは当時、たとえばジョン・スチュアート・ミルを保守は評価しうるか否かをめぐって激しく対立した。

それにたいしてマイヤーは、ある状況や秩序ははたして正しいのか、あるいは真であるのかを判断することを、保守は放棄してはいけないと強く主張した。人格から生じる人間のそのような判断能力、つまり選択の自由、マイヤーはそれを理性とも言い換えているが、マイヤーはそれを保守の名において擁護した。[3] 保守主義はしばしば賢慮に重きを置くが、理性もまた重要であり、来るべき保守主義はこの両方を必要とするというのがマイヤーの主張だった。

マイヤーはみずからのこのような保守主義を、ニューコンサーヴァティズムと対置させつつ「原理の保守主義」と名づけている (Meyer 1962/1996: 64)。区別を設け、選択をおこない、原理に依拠することを恐れてはならないとマイヤーは言う。たしかに原理を応用する際には賢慮の働きは必要である。しかし理性という武器を保守が放棄することは、リベラリズムを首尾一貫して批判する可能性をむしろ閉ざしてしまう。具体的な状況は原理を適用することに影響を与えるからといって、そうした状況が原理にとってかわるわけではないというのがマイヤーの考えだった。

自由な人格による選択を重視し、肯定するということは、間違った選択がなされてしまう可能性に直面することにもなる。マイヤーはこの点について、人間が誤った選択をしてしまうことを是認するという態度を明確にしている。誤って用いられた自由は自由ではなく、それはもはや「気まま」でしかないと否定するハロウェルを批判し、誤って用いられた自由もまた、依然として自由であることに変わりはないとマイヤーは強調している (Meyer 1962/1996: 71)。この強調は、人格の自由の不可侵性を主張するマイヤーの立論からすれば首尾一貫したものである。ただそれは、誤りであったとして放棄した共産主義に従事した一四年間から、保守へと転向したみずからの軌跡に裏打ちされた主張でもあった。

ケンドールの遺著を刊行したジョージ・W・ケアリーがすでに指摘しているように、そのマイヤーにとって、個人の人格の自由と客観的に存在する道徳的価値の双方は、独立宣言や合衆国憲法のなかにそもそも示されているものとして捉えられていた（Carey 1984/2004: xix）。マイヤー自身、この双方はアメリカの保守主義のなかにある、まさに「隠れたコンセンサス」であると主張した（Meyer 1962/1996: 35-36）。マイヤーやエヴァンスが、みずからの構想を建国の父祖たちによってすでに体現されてきたものとして位置づけようとした点は、融合主義を把握する際に重要である。

『自由を擁護して』のなかでマイヤーは、超越的な価値や真理とはどのようなものかについて、あえて避けていると思われるほどに言及をしていない。ただ、マイヤーが建国の父祖たちのなかに、超越的価値と人間の自由の総合の理想を見ていたことは確かであり、『自由を擁護して』とは別の論考のなかでも、融合主義は建国の父祖たちが示した思想と行動に立ち返るものであることを示唆している。マイヤーは、今日のアメリカの保守は既存の保守とリベラルの不毛な争いを乗り越え、超越的な価値についての信念と人間の自由についての信念とを総合しようとしているが、この総合

3　さまざまな伝統のあいだに区別を設ける必要、つまり伝統のなかの善と悪とのあいだで選択することの必要を認識するには、人間に開かれているさまざまな可能性のあいだで区別をおこなう際の理性の突出した役割（唯一の役割であると誤解してはいないとマイヤーは補足する）についての認識が必要とされる（Meyer 1962/1996: 63-64）。

こそ「共和国の創設者たちがかれらの人生と行動において体現し、かれらの著述や議論のなかで言葉によって表現し、かれらが憲法を制定した政治体のかたちでわれわれに遺したもの」(Meyer 1969d: 43) であると述べている。

マイヤーにしたがえば、建国の父祖たちの関心は自由の創設とその保持だった。かれらは――独立宣言の第一段落で明示されているように――「自然の法と自然の神の法」に基づかなければ自由は無意味であることを理解していたのであり、自由を擁護するためには――合衆国憲法の前文に書き込まれたように――「正義を樹立し、国内の平穏を保障する」だけでなく、「共同の防衛に備える」ためにも、適切に設立された国家が必要であることをわかっていた。「自由を与えよ、さもなければ死を」と叫び、「神の摂理による保護を固く信じて」独立を戦った人びとは「生命、財産、および神聖な名誉」をかけて独立宣言に署名したが、「摂理」、「名誉」、「勇敢さ」は、功利主義や「純粋なリバタリアン」ではもたらすことのできない概念だったとマイヤーは指摘している (Meyer 1969d: 43)[4]。

〔ジョージ・〕ワシントン、〔ベンジャミン・〕フランクリン、ジェファソン、ハミルトン、アダムズ、〔ジョン・〕ジェイ、〔ジョージ・〕メイソン、〔ジェイムズ・〕マディソンは、それぞれがそれぞれの考えをもっていた。だが、共通の遺産を引き継いでいるという自覚のもとになされたかれらの対話から生じたのは「真理と徳は形而上学的かつ道徳的目的である一方で、それらを求める自由はそれら〔形而上学的かつ道徳的〕目的の政治的条件であり、権力を分立させる社会構造は、この政治的目的にとって不可欠な手段である」という理解だったとマイヤーは主張している（Meyer 1969c: 29）。権力分立を重視するマイヤーの立場は、のちにジャファとの対比のなかであらためて触れる。マイヤーは、一九六〇年に『モダンエイジ』誌に寄稿した論考でこのように述べたうえで、アメリカ建国期のそうした論争こそが、今日のわれわれの論争にとっての適切なモデルであると主張している。要するに、伝統主義とリバタリアニズムとを融合させる融合主義は、マイヤー自身の主張に即せば、建国の父祖たちに回帰せよというメッセージと不可分だった。

5　リヴァイアサンに抗しつつ共同の防衛に備える

前節の後半で触れたように、融合主義の名において建国の父祖たちの思想と行動に立ち返ることをマイヤーは求めた。これは別の観点からみれば、前衛党による指導を政治的決定のかなめにすえる共産主義——すくなくともマルクス・レーニン主義——から、知恵と徳を備えた者が政治を担う共和主義へとマイヤーは転向したとみなすこともできるだろう。ただし、転向は明らかであるものの、転向前後でマイヤーに一貫しているのは、思想の実現には少数者の導きが必要不可欠であると考えていたということである。

4　建国の父祖たちが言及する限りは、マイヤーは摂理についても必ずしも全面的に否定しないことがうかがわれる。

マイヤーは『自由を擁護して』のなかで、善き社会はふたつの条件が満たされた場合に可能であると主張している。そのふたつの条件とは、「社会ないしは政治の秩序が、人びとが自由に選択可能である状態を保障している場合」と「知的道徳的指導者である創造的な少数者が、伝統と理性の威信を維持することで、社会全体の知的道徳的秩序を支えるための理解力と想像力を有している場合」とである（Meyer 1962/1996: 80）。前者の条件は、人格の自由が政治社会の中心をなすというマイヤーの立場を踏まえたものであることは言うまでもない。他方で、創造的な少数者の必要という後者の条件から、知的ならびに道徳的な指導をおこなう者たちが融合主義の推進には必要であるとマイヤーが考えていたことがうかがえる。

実際に、バックリー・ジュニアらニューライトは、言論活動と並行して政治的活動にひろくかかわっていった。バックリー・ジュニア自身が一九六五年のニューヨーク市長選に、ニューヨーク州保守党（一九六二年創設）から出馬したのはわかりやすい例だが、かれらの政治的活動の多くはむしろ、来るべき保守の前衛育成や既存の保守の知識人の連携強化に重きを置くものだった。たとえば、一九六〇年、バックリー・ジュニアの自宅に集まった青年有志によって創設された保守主義の青年団体「自由を求めるアメリカ青年同盟（Young Americans for Freedom, ＹＡＦ）」は、バリー・ゴールドウォーターを支持する重要な母体となっていった。マイヤーも設立の会合に出席している（Schneider 1999: 33-34）。マイヤーはこのＹＡＦの顧問に就任した。なお、ＹＡＦの設立宣言であるシャロン宣言を起草したのは、本章でさきに触れたスタントン・エヴァンスである。

ゴールドウォーターが一九六四年の大統領選挙でリンドン・B・ジョンソンに大敗を喫した直後、インディアナ出身の元沿岸警備隊士官であり、リバタリアンのフランク・チョドロフが創設したインターカレッジ個人主義者協会（The Intercollegiate Society of Individualists）のダン・リプセットの呼びかけで、古典的自由主義や保守主義の知識人たちを大同団結させるフィラデルフィア協会が創設された。創設メンバーは、このリプセットにくわえて、バックリー・ジュニア、ミルトン・フリードマン、のちにヘリテージ財団の創設者のひとりとなるエドウィン・フォルナー、そしてマイヤーだった。また、バックリー・ジュニアたちは同じく一九六四年の一二月、アメリカ保守連合（The American Conservative Union, ACU）を結成した。この団体はのちに、YAFとともに現在も続くCPACを企画する母体になっていった。マイヤーは創設発起人のひとりとしてこのACUの理事会に参画し、当初の数年は会計責任者を務めた（Smant 2002: 154）。

このようにマイヤーは、自らの構想する融合主義をさまざまな政治的活動のなかで具体化させていくことに多くの労力を割いた。バックリー・ジュニアの華やかさに隠れがちであるが、戦後アメリカの運動としての保守主義をかたちづくっていくうえで、かつて党において教宣活動に従事したマイヤーによる理論と実践の架橋の功績は大きい。

そのマイヤーにとって戦わなければならない主たる相手は、対外的には共産主義であるとともに、国内的には集産主義的リベラリズムという思想であり、それが具体化したニューディール以来のリベラルな集産主義国家とそれを管理する官僚エリートだった。マイヤーは、そのようなリベラルな集産主義国家を、西洋政治思想史においてホッブズ以来の馴染みのある表現である、リヴァイアサンとしてカークと同様に呼びあらわしている。[5]

リベラルな集産主義国家とそれを管理する官僚エリートにかんするマイヤーの考察は、『ナショナル・レヴュー』での仲間であり、ライバルでもあったバーナムの経営者国家論と基本的な視座を共有していた。リベラルな集産主義国家のもとでの官僚制とは単に政府の役人から構成されるのではなく、世論形成に携わるマスコミュニケーション産業に従事する者たち、企業と労働組合双方の「経営官僚」、そしてイデオロギーを生み出している大学人たちという「四者からなる官僚制」から成るものとしてマイヤーは捉えた（Meyer 1962/1996: 106-113）。

建国の父祖たちのもとで「目的としての人格の自由と、その目的を達成するための手段として国家諸権力の厳密な制限に基づいたひとつの政体が確立された」（Meyer 1962/1996: 149）とみなすマイヤーであるが、その後の歴史の推移のなかで、アメリカは変質を遂げ、最終的にはリベラルな集産主義国家に変貌してしまっているというのが、マイヤーの構図だった。基本的な把握の構図は、バーナムと同様である。ただしこのような変貌のきっかけは、ローズヴェルト政権の誕生よりもずっと早く、その決定的なモーメントは一九世紀のアメリカでの「大衆民衆主義《マス・デモクラティズム》」の登場にあるとマイヤーはみなした。その端緒はアンドリュー・ジャクソンに帰せられるものの、注目すべきことは、マイヤーがエイブラハム・リンカンをこの変貌の重要な担い手として位置づけているということである。マイヤーによれば、リンカンによって州が保持している主権、つまり州権は掘り崩され、それによってローズヴェルトのもとでの集産主義実現の道が開かれたのである（Meyer 1962/1996: 149）。

これにたいして、人格の自由と両立可能な、国家の自然な機能としてマイヤーが挙げるのは、暴力や不正な攻撃にたいして市民の権利を保護すること、正と正の対立を判定すること、そして外国による攻撃から市民を守ることの三つである（Meyer 1962/1996: 99-100）。この三つの機能を満たす限り、国家は必要な役割を果たしている。このように考えるマイヤーの国家の構想は、ロスバードのような無政府主義的リバタリアンの場合を除けば、リバタリアンが構想する最小国家の構想にほぼ沿うものとみなせるだろう。ひとつ力点の違いを記せば、マイヤーの国家の構想は、建国の父祖たちが描いた制限政府としての連邦政府を念頭に置くものであり、さらに言えば州権とセットであることが前提になったものである。

ただし、マイヤーは実際にはニューライトの知識人としての言論的実践のなかで、リバタリアニズムを脇に置く傾向、あるいは言い方を変えれば、融合主義のなかの別の柱をリバタリアニズムよりも優先させる傾向を有していた。それは、外国の攻撃から市民を守るという三つ目の国家の役割

5　マイヤーは『自由を擁護して』のなかで、古代ギリシアのポリスに見られる有機的な共同体という思考と、人間の不完全性を受け入れず、現世に楽園を創り出そうと政治権力を世界創造の動力として使おうとする――マイヤーによればバベルの塔以来の――ユートピア主義が、いかに国家をリヴァイアサンへと成長させてしまう危険な思想を生み出してきたかという点を強調している。マイヤーにとって、二〇世紀の支配的なイデオロギー――共産主義、ファシズム、社会主義、そして集産主義リベラルのイデオロギーである実証主義、プラグマティズム、福祉主義の混合――は、ユートピア的態度によってもたらされた最新の形態だった（Meyer 1962/1996: 89-96）。

と密接に関連していた。マイヤーにとって攻撃を受け得る外国の脅威は、ソ連の共産主義体制に尽きた。そのソ連の共産主義はチェンバースと同様にマイヤーにとっても悪そのものであった。たとえばマイヤーは、前年のハンガリー動乱やスエズ情勢を踏まえて、一九五七年五月の『ナショナル・レヴュー』でアメリカの指導者たちや知識人たちのソ連にたいする態度を相対主義的にすぎると強く非難している。マイヤーは、実効性のある反共主義は「共産主義は悪であるという断固たる態度」を必要とするのであり、相対主義的な物の見方がとられることによって現在の歴史的状況が「善と悪との対決」であることが理解されていないと主張していた（Meyer 1969a: 327）。

好戦的な反共主義は、濃淡の違いはあれども『ナショナル・レヴュー』に集ったニューライトたちに共通するものであり、反共主義は実際には、伝統主義とリバタリアニズムにならぶ融合主義の第三の重要な柱だった。

マイヤーをはじめとする『ナショナル・レヴュー』の同人たちが有していた反共主義は、孤立主義的な反戦主義をとるオールドライトとは明らかに一線を画すものだった。それにたいして、そのようなオールドライトの思想と行動を引き継ぐ知識人のひとりが、戦後アメリカの代表的なリバタリアンのひとりである、ロスバードだった。

6　オールドライトを継承して

一九二六年、マレー・ニュートン・ロスバード（一九二六―一九九五）はニューヨーク市のブロンクスに、ユダヤ系移民の両親のもとに生まれた。父のデイヴィッド・ロスバードは、ワルシャワのゲットーからの移民であり、一九一〇年にアメリカに移民してきた。母のラヤ・バブシュキンもロシアとポーランドの国境地帯の小さな村から、一九一六年にアメリカに家族とともに移民してきた。デイヴィッドは合理性と科学を重んじる人物で、移民後はイディッシュ語の文化を捨て、外国語なまりのない英語を即座に習得したという。自由な起業にたいする肯定的な信念をもつデイヴィッドの姿勢と考え方を、息子のマレーは家庭のなかで受け継いだ（Raimondo 2000: 24-27）。ただ、親戚のほとんどは、共産党員ではないにしても共産主義の信奉者が多く、個人主義を信奉する父のデイヴィッドと息子のマレーは、親族のなかでは風変わりな存在だった。

マレー・ロスバード

ロスバード一家はその後、ニューヨーク市内のスタテンアイランドに引っ越し、マレーは公立学校に通うようになったが、とくに飛び級をして年上の子どもたちと同じクラスになったかれは、いじめを受けるなど幸福ではない学校生活を経験した。ロスバードの伝記を書いた、リバタリアンで弟子のジャスティン・ライモンドは、子どもたちを平準化させようとする公立学校の体験が、ロスバードにとって平等主義批判の原点になったと記している（Raimondo 2000: 28）。両親は、経済的に無理をしてマレーを私立の学校に転校させた。これによってマレーは才能と力を自由に育む場所を得ることができた。

ロスバードが高校を卒業してコロンビア大学に入学したのは一九四二年。アメリカは前年に第二次世界大戦に参戦していた。ローズヴェルトの参戦を批判したのはオールドライトの知識人たちだったが、ロスバードは大学入学前から、そのオールドライトのひとりで、ローズヴェルト政権の政策と参戦を痛烈に批判していたジャーナリストのジョン・T・フリンの新聞コラムの愛読者となっていた（Raimondo 2000: 34）。

ロスバードはコロンビア大学に入学し、数学と経済学を専攻していった一方で、オールドライトの知識人たちからの影響は弱まることはなかった。なかでもロスバードは、ノックの弟子であるチョドロフによる「税金の徴収は窃盗である」と題したパンフレットを大学の書店で見つけた際には、これだと思ったという（Raimondo 2000: 45）。ロスバードはチョドロフやノック以外にも、社会保障法の成立によってローズヴェルトは労働者の財布に自由に手を突っ込んで金をとることを可能にしたとニューディール批判を展開したジャーナリスト、ギャレット・ギャレットや、同じく一九三〇年代に激しくローズヴェルトを批判したH・L・メンケンの過去の仕事から多くを学んだ。国内的には反ニューディール、対外的には反戦主義で孤立主義というオールドライトの基本的スタンスをロスバードは受け継いだ。くわえてロスバードは、オーストリア出身の亡命経済学者、ルードヴィヒ・フォン・ミーゼスのセミナーに一九五〇年代に参加し、理論的に大いなる影響を受けた。

そのロスバードは、ウイリアム・フォルカーが創設したフォルカー基金の活動をつうじてマイヤーと一九五〇年代に知り合い、マイヤーを介してバックリー・ジュニアと交流するなかで『ナショナル・レヴュー』にかかわり、多くの論説や書評を寄稿した。当初、双方の関係は良好にみえた。だが、マイヤーたちがソ連との全面戦争を望んでいる好戦論者であることを知るようになると、次第にロスバートのなかで、ニューライトの仲間たちにたいする疑問が生じるようになった。モスクワに水爆を落として警告なしにソ連を破壊すべきか、それとも降伏するように最後通牒を送る猶予を二四時間設けるべきかについて、マイヤーが妻のエルシーと議論するといった場面は、ロスバードのなかでそうした疑問が生じるひとつのきっかけだった（Rothbard 2007: 169）。

ロスバートは、みずからも若い頃から影響を受けた往年のフリンが一九五六年に『ナショナル・レヴュー』に寄稿をした際、バックリー・ジュニアがその原稿を掲載しなかったエピソードをのちに回顧している。フリンのみるところ、国家安全保障の名のもとに莫大な予算を消費する当時のアイゼンハワー政権は、みずからがかつて批判したローズヴェルト政権となんら変わるところがなかった。それにたいしてバックリー・ジュニアはフリンに、貴方はソ連の軍事的脅威がもっている性質を十分に理解されていないという旨の手紙を書くとともに、不掲載のかわりに一〇〇ドルを同封した。フリンは即座に「ささやかなご教示、たいへん感謝する」という返信とともに、その一〇〇ドルを突き返したという（Rothbard 2007: 171）。

ロスバート自身が語るところによれば、バックリー・ジュニアたちとの決裂のさらに決定的な契機のひとつになったのは、一九五九年のフルシチョフのアメリカ訪問にたいするニューライトたちの反応だった。この訪問は、両陣営の思惑がさまざまに絡むものだったとはいえ、スターリン死去後の米ソの平和共存を象徴するものであったし、フルシチョフの人柄は多くのアメリカ人たちに好意的に受けとめられた。ロスバードもこの訪問を歓迎した。

それにたいして、『ナショナル・レヴュー』はフルシチョフの訪問を企画したアイゼンハワー政権を非難しただけでなく、カーネギーホールでフルシチョフ訪問を批判的に検討するシンポジウムを開催した。このシンポジウムにはバックリー・ジュニアたちのほか、一九五七年に亡くなったマッカーシーの未亡人や、転向知識人であるユージーン・ライアンズらが参加した（Rusher 1993: 53）。バックリー・ジュニアはシンポジウムの締めにスピーチをおこない、その末尾で、フルシチョフが闘っているのは西洋であるが、その西洋に存する究極的な資質は、本性において道徳的なものであると聴衆に語った（Schneider 2003: 166）。大いなる悪の前に西洋は危機に陥っている。しかし西洋は、必ず自らの手でその危機を脱するだろうというのが、バックリー・ジュニアのメッセージであったと言える。

なお、フルシチョフ訪問をめぐってバックリー・ジュニアたちとの決裂を意識したのはロスバードだけではなかった。共産主義を悪とみなす点ではかつてバックリー・ジュニアたちと変わるところがなかったチェンバースだが、第三次世界大戦をもたらすところまで突き進もうとしている『ナショナル・レヴュー』の方針には違和感を覚えざるを得なかった。バックリー・ジュニアとチェンバースの個人的な友情はその後も続いたものの、チェンバースはその年の一一月に『ナショナル・レヴュー』へのかかわりをとりやめるに至った（Tanenhaus 1997: 512）。

ロスバードに立ち戻れば、ロスバードが最終的にニューライトから袂を分かったのは、一九六〇年五月のU－2機撃墜事件をきっかけとしてだった。この事件をうけてアイゼンハワーは、米ソ首脳会談をキャンセルし、U－2偵察機を撃墜したソ連を非難した。そうしたなか、米ソの直接的な衝突の危機をエスカレートさせかねないとアイゼンハワーを批判したのは、民主党のアドレイ・スティーヴンソンだった。ロスバードはこの一件をもって、自分はスティーヴンソン主義者に転向したという。それまで、みずからの考えに沿う右派の第三党があらわれることを期待していたロスバードだったが、ニューライトたちはゴールドウォーター待望論で一致しており、その可能性はもはやありえなかった（Rothbard 2007: 174）。

こうしてロスバードは、積み重なっていった反共主義への懐疑を背景として一九六〇年代のはじめに共和党右派から民主党左派へと転向をし、結果的にはあくまでも一時的なものになるとはいえ、ニューレフトへの接近さえも果たしていくことになる。ニューライトから離れたロスバードは、一九六五年にレオナルド・リッジョとともに『左派と右派』という雑誌を創刊し、隆盛しつつあったニューレフト、とくに民主社会学生連盟（ＳＤＳ）に働きかけてかれらをリバタリアンの方向にもっていくことを模索していった（Rothbard 2007: 194）。

7　融合主義のなかの優先順位

ロスバード自身の議論に沿って、かれの立場をあらためて確認しておきたい。ロスバードはきわめてシンプルな公理から議論を出発させるが、それは戦争と平和にかんする議論においても同じである。ロスバードによるリバタリアンの公理とは、誰も他者の人格や財産を脅かす、あるいはそれに暴力を加える（侵害する）ことがあってはならないということである。言い換えればそれは、非侵害者にたいしてはどのような暴力を行使することもあってはならないということである（Rothbard: 1974/2000: 116）。ここから導き出されることは、ある他者にたいする正当な防衛を理由として、無実の第三者にたいして暴力を行使する権利を何人も有さない、ということである。暴力の行使は個々の犯罪者にたいしてのみ許されるのであって、いかなる大義のもとであれ、罪のない他の人びとには許容されない。

以上の前提を踏まえて、ロスバードは、ある所与の領域のなかで暴力の使用を実質的に独占している集団である国家にかんする議論へと向かう。ロスバードは、あるひとつの領域のなかで発生しうる一国内の革命と、領域と領域とを横断して発生する国家間の戦争との場合を区別している。国家間の場合は、兵器の使用される範囲が広範になり、場合によっては核兵器を含めた大量破壊兵器が用いられる可能性がある。そのために、特定の地点のみを目標としたピンポイントによる攻撃は一層難しくなる。さらには各国ともに総力戦になることで、無実の民間人が巻き込まれる可能性も高くなる（Rothbard: 1974/2000: 123）。

ロスバードがもうひとつ追加している論点は、私人間の紛争や、さらに言えば革命はそれをおこなう者たちが自発的に拠出するのにたいして、他国にたいする戦争は、課税の拡大をともなっておこなわれる。それゆえにこの点でも、国家による戦争は、もっぱら税金を支払う者にたいする侵害をつうじて実行される。以上の考察から、ロスバードの結論は明快だった。

それゆえにリバタリアンはつぎのように結論づけなければならない。革命や私的な紛争のなかには正当なものがあるかもしれないが、国家の戦争は、常に非難されなければならない（Rothbard: 1974/2000: 124）。

こうしてロスバードは、大義の如何にかかわらず、他国に戦争をしかけないように国家に圧力をかけ、仮に戦争が始まってしまったら、可能な限り速やかに停戦にもっていくように努力するのが、リバタリアンの目標であると指摘している（Rothbard: 1974/2000: 126）。事実として世界が国家によって領域的に分割されている以上、国家間の平和的共存が理想である。なお、帝国主義は、Aという国によるBという国の人びとへの侵害の固定化された継続に他ならないものであって、リバタリアンにとって戦争と同様に非難されるべきものだった（Rothbard: 1974/2000: 129）。

リバタリアニズムの理論的考察からも、米ソの平和共存を否定し、ソ連との戦争を熱望するマイヤーたちは、ロスバードにとって一緒に活動することはできないことは明らかだった。ロスバードはリッジョとともに、ウィリアム・A・ウィリアムズといったニューレフト史学につらなる歴史家の研究を摂取し、冷戦の開始はスターリンのソ連の側に責任があるのではなく、アメリカが主導したのだという見解を受け入れていった。アメリカは英国にかわる新たな帝国になるために第二次世界大戦を活用し、戦後は世界中に軍隊を駐留させて多くの国々を支配下におさめている。ロシアの脅威などは実際には存在せず、世界の平和にとっての脅威とは、ヨーロッパにおいてもアジアにおいても、リヴァイアサンたる合衆国である。ロスバードはそのように受けとめるに至った（Rothbard 2007: 181-182）。ニューディールを推進することで連邦政府は自由を脅かしてきたという理解は、すでに長らく共有してきたところだったが、対外政策という点でも連邦政府は自由を脅かしているという理解を、ロスバードは明確に強めていった。

もちろん、リバタリアンの公理に反するものであれば、それがアメリカの対外的行動であろうとその他の国のそれであろうと、ロスバードは等しく批判した。ささやかだが重要なひとつの例として、一九六七年六月の六日間戦争（第三次中東戦争）にたいするロスバードのイスラエル評価を挙げることができる。ロスバードは、アラブ諸国にたいする電撃戦に勝利したイスラエルを、「中東地域の反共の砦」として評価する動きがあるが、これは奇妙な議論であると批判している。端的に言ってアラブ諸国は共産主義国ではなく、仮に軍事的援助をソ連から受けているとしても、それはアメリカからそのような援助を受けることができないからであり、それにたいしてイスラエルはアメリカの支援を得ているとロスバードは述べている（Rothbard 2016: 35）。くわえてロスバードは、イスラエルこそヒスタドルートという全国的労働組合の影響が強く、さらに言えばキブツと呼ばれる共同体があり、そこへの参加は自発的と言われているが、イスラエルに逃れてきた人びとのなかには政府から借りた渡航資金を完済するまでそこに留め置かれ、仕方なく働いている者もいると書いている（Rothbard 2016: 36）。このような筆致には、明らかにイスラエルにたいする批判的な視点がこめられている。

しかもロスバードは、イスラエルは小国であるという指摘は的外れであることを強調している。実際にはイスラエルは、ヨーロッパやアメリカの裕福なシオニストたちから支援を受けているのであり、そのようなシオニストたちやイスラエルを「勝ち目の薄い者」と呼ぶのは、グロテスクなことに他ならない（Rothbard 2016: 36）。このようなロスバードのイスラエル批判は、ニューレフトと共同歩調をとるものであったが、次章で触れるクリストルやポドレッツからすれば不快な論調だっただろうし、仮にロスバード自身が東欧のユダヤ系の出自をもっていたにせよ、反ユダヤ主義的にすらみえたことだろう。

さて、左旋回を遂げたロスバートやその他のリバタリアンたちにたいして、マイヤーは批判の手を緩めなかった。一九六九年、マイヤーは「リバタリアニズムかリバティニズムか」という論考を

『ナショナル・レヴュー』に書き、このなかでロスバードらを批判している。その批判は要するに、ロスバードらのリバタリアニズムは、戦後保守が融合主義のなかで保持すべき正統なリバタリアニズムではもはやないということに尽きた。

マイヤーは、伝統主義とリバタリアニズムの緊張関係がアメリカの保守主義の発展を特徴づけてきたことを、この論考のなかであらためて確認している。そのうえで、リバタリアニズムによって修正されない伝統主義は、権威主義に陥る傾向がたしかにある一方で、リバタリアニズムもまた、伝統主義による修正を経ないならば、アナーキーかあるいはニヒリズムに陥る傾向があると指摘している。そのようなバランスを欠いた、ニヒリズムに陥ったリバタリアニズムこそ、今やロスバードのような「右派からの落伍者」のなかに極端なかたちで見出せる（Meyer 1969/1996: 183-184）。マイヤーは、ロスバードの立場を「リベルタンなリバタリアニズム」あるいは「リバティニズム」と名づけている。

マイヤーはこの論考のなかで、文明の本質は伝統であり、理性は伝統のなかで作用し、政治的自由は文明の秩序という防壁が保持される場合に、もっぱら効果的に達成されると主張した（Meyer 1969/1996: 185）。『自由を擁護して』のなかでニューコンサーヴァティヴたちを批判する際とは、マイヤーの力点は異なっていることが見てとれる。あれほどに重視されたはずの人格の自由や選択の自由よりも、マイヤーはここで文明の秩序という防壁を前面に立てているようにみえる。その文明の防壁とはアメリカが体現する価値であり、それが防いでいるものこそ共産主義であることは言うまでもない。

ロスバートのリバタリアニズムは、その防壁を壊してしまうものとしてマイヤーには映っていた。マイヤーはつぎのようにその警戒をはっきりと言葉にしている。

共産主義にたいする防衛の維持に反対し、キャンパスやゲットーで暴れるモブたちにたわいもなく同情し、立派に生産活動をおこなっている多数派の平凡な知恵を軽蔑するそれ〔リベルタンなリバタリアニズム〕は、それが信奉している自由にとって現実世界での唯一実際の基礎である、文明の秩序の破壊に向かっている（Meyer 1969/1996: 186）。

「キャンパスやゲットーで暴れるモブたち」である若者や黒人たちのなかに敵対文化の出現を見出し、「立派に生産活動をおこなっている多数派」という中産階級とそれが大切にするアメリカ的な価値を是認し、なによりも反共主義で一致団結できるという点で、マイヤーのようなニューライトたちにとって、次章で触れるネオコン第一世代の論者たちはロスバードのようなリバタリアンよりも、信頼のおける同志たりうる者たちだった。

これにたいして、ロスバードもけっして黙ってはいなかった。一九五〇年代半ば以来、保守主義の運動が権力の座に近づくにつれて、「融合」のなかのリバタリアン的要素は、ひとつまたひとつと失われていった。ニューレフトとの関係を清算した直後である一九七一年に、ロスバードはこのように『ニューヨーク・タイムズ』紙で主張した。ニューレフトとの関係が終わったとしても、ロスバードはニューライトに戻る気はなかった。アメリカという国家は、税金の徴収をつうじて盗みをはたらき、徴兵制をつうじて人びとを奴隷化し、警棒、銃剣、ナパーム弾を使って殺人をおこなっているにもかかわらず、『ナショナル・レヴュー』の保守主義者たちは、その国家のもっとも雄弁な擁護者の一部になっているというのが、ロスバードの反論だった（Rothbard 2016: 148）。

ロスバードにとって、若きリバタリアンたちはかつて自由のかがり火としてのアメリカを創設した伝統である、ジェファソン、（トマス・）ペイン、ジャクソン、（ウィリアム・）ギャリソンの伝統に立ち返りつつあるように思われた（Rothbard 2016: 149）。マイヤーらのニューライトを批判するロスバードもまた、まもなくアメリカ建国から二〇〇年が経とうという一九七〇年代の初頭、アメリカの建国とそれに引き続く思想的源泉のなかに、みずからの拠って立つ根拠を見出そうとしていた。

＊

一九七二年、マイヤーは重い病をえた後、この世を去った。亡くなる直前、マイヤーは死の床でカトリシズムに改宗をしている。融合主義において超越的価値が何を意味するのか、マイヤーはそれを明示することを避けたが、選択の自由を強調したマイヤーにとって、長い逡巡を経たうえでのカトリシズムへの最終的な帰依は、必然的なものであったのかもしれない。

他方、ニューレフトに接近し、かれらがリバタリアニズムを受け入れることを期待したロスバードだったが、一九七〇年にはニューレフトとロスバードの関係は決裂に終わった。ロスバードの仲間のなかには、そのまま左派にとどまったリバタリアンもいたが、ロスバードのなかに深く刻み込まれていたオールドライトの精神は、かれにそれを許さなかった。彷徨を続けたロスバードとかれのリバタリアニズムは、ふたたびオールドライトの地に帰還し、そこでペイリオコンという後継者に知的養分を与えることになる。

戦後アメリカの運動としての保守主義という側面に限れば、リバタリアニズムは引き続く冷戦の時代にあって、ソ連という悪から西洋の価値を防衛する善なるアメリカという理念に比べて劣位に甘んじ続けた。また、伝統主義にかんしても、マイヤー自身の思想をめぐる内在的検討から明らかなように、建国の父祖たちへの回帰は強調されるものの、キリスト教的価値への依拠は、実際にはそれほど明確に語られるわけではなかった。その意味において、マイヤー自身はみずからの死の直前にカトリシズムに改宗するとはいえ、伝統主義もまた、融合主義のなかでは結果的に、反共主義の引き立て役に甘んじたと言わざるをえなかった。

第3章

リベラリズムに背いて

ニュークラスの時代とネオコンの誕生

1　参加デモクラシーの高まりか、ニュークラスの台頭か

アーヴィング・クリストル、ノーマン・ポドレッツ、ジーン・J・カークパトリックらは、一九七〇年代前半にネオコンと呼ばれるようになるものの、そもそも戦後から一九六〇年代にかけて長らく政治的には民主党を支持してきたリベラルな知識人たちだった。その意味でかれらは、ニューライトとは思想的出自の点でそもそも一線を画す者たちである。しかも、クリストルのようにネオコンという呼称を早いうちから受け入れた者を除けば、かれらは民主党支持の周囲からもはやリベラルとはみなされなくなった後も、自分たちが保守に転向したとは考えていなかった。彼らは、自分たちを取り巻く環境のほうが、むしろ変化したのだと考えていた。

一九六〇年代後半のニューレフトの隆盛は、民主党内の政治情勢そのものにも影響を与えた。とくにヴェトナム反戦運動に乗って一九六八年の民主党の大統領候補者レースで台風の目となったユージーン・マッカーシーは、従来のような選挙のプロや組織に乗っかった選挙政治を批判し、草の根の参加に依拠した政治を訴えた（Rising 1997: 71）。反戦の旗印のもとにアメリカの非道を告発す

るマッカーシーとその支持者たちが理想として掲げたスタイルは、「ニューポリティクス」と呼ばれた。ニューポリティクスは、一九七二年に民主党の大統領候補となったジョージ・マクガヴァンにも当てはまる。

このニューポリティクスを支持するリベラリズムは、ニューポリティクス・リベラリズムとしばしば言われたが、従来のニューディール・リベラリズム、あるいは共産主義にたいする強硬な態度を求める反共リベラリズムのなかには、アジアの共産主義と戦う当時のアメリカに疑問の目を向ける、この新しいリベラリズムの変種を断固拒否する者たちがいた。かれらは自分たちこそ本当のリベラルであり、ニューレフトとカウンターカルチャーによって変質したニューポリティクス・リベラリズムは、リベラリズムの名に値しないとみなしたばかりか、この変種からアメリカを守らなければいけないとさえ考えた。ネオコン第一世代を形成した者たちが描いた構図は、このようなものだった。

一九六八年は、世界的な民衆蜂起の年としてラディカルな側には記憶されている。この時代の参加デモクラシーの高まりを肯定的に評価する人びとは、同時代的にもその後にも多い。しかしネオコン第一世代はまったくそう考えなかった。かれらのみるところ新しい参加の突き上げは、偏向した特定の人びとによって先導されているものだった。その人びととは、戦後の経済発展のなかで台頭してきた高学歴の専門職——その予備軍である高学歴の若者を含む——であり、ネオコン第一世代はこの人びとこそが、新しい支配階級を形成しつつあるとみなした。ネオコン第一世代は

「ニュークラス（新しい階級）」とかれらのことを呼んだ。

ニュークラスという概念はそもそも、共産主義体制が特権的な官僚集団の支配へと堕落していることを批判した、ユーゴスラヴィアの政治家であるミロヴァン・ジラスが用いたものであり（Djilas 1957/1985）、ジラスの著作をつうじて西側知識人のあいだに広まった。ジラス自身は、バーナムの経営者階級に近似した意味でこのニュークラスという概念を用いた。それにたいしてネオコン第一世代は、戦後社会のなかで一定の割合を占めるようになった専門職の人びとを総称するためにそれを用いた。

一九六〇年代の参加デモクラシーの高まりは、ニュークラスが自分たちの支配と影響力を拡大させるための方便であるとネオコン第一世代には映っていた。それゆえに、ニュークラスの新しい支配からアメリカと民衆を守ることこそ、自分たちに求められている使命である。ネオコン第一世代はそのように考え、この使命を追求していった結果として、半ば図らずも、バックリー・ジュニアたちと同じ陣営へと立場を変えていくことになった。

2　ネオコンサーヴァティズムの五つの要素

とはいえ、ネオコン第一世代とニューライトとのあいだには相違点も多い。のちにクリストルがまとめているネオコンサーヴァティズムの五つの特徴（Kristol 2011: 148-150）に沿って、ネオコン第一世代とニューライトをはじめとするその他の保守の潮流との異同をみておきたい。

第一にネオコンサーヴァティズムはニューライトとは異なり、福祉国家そのものに反対ではなく、一九三〇年代のニューディール政策を肯定的に評価し続けた。かれらは一九六〇年代にジョンソン大統領が推し進めた「偉大な社会」プログラムへの批判を強めていったものの、社会保障や失業保険それ自体には決して反対ではなかった。クリストルによれば、かれらが疑念を深めたのは官僚機構が社会問題を解決するという考え方にたいしてだった。その点で、経営者階級による支配を指摘したバーナムと基本的構図を共有していたとはいえ、ネオコン第一世代は、専門職であるニュークラスの戦後の台頭によって官僚機構が変質したと考えており、そもそもニューディールを問題の原点とするニューライト、あるいはオールドライトやロスバードらリバタリアンとは理解に決定的な相違がある。

第二にネオコンサーヴァティズムは、政府主導に比べて効率性と個人の自由を最大限に保証する、市場のもっている力を評価するようになった。これはニュークラスの台頭によって生じた国家の変質という第一の点から導きだされるひとつの結論だった。ただし、リバタリアンが個人の意志や財産権という点で市場を積極的に肯定するのにたいして、ネオコン第一世代は市場を消極的に擁護する立場にとどまる場合が多かった。

第三にネオコンサーヴァティズムは、宗教や家族といった伝統的価値を擁護する立場をとっていった。宗教や道徳のもつ価値の擁護という結論だけをみれば、これもニューライトと同じ立場に収斂していく。ただしネオコン第一世代の場合、宗教や家族といった伝統的価値の擁護は、一九六〇年代に台頭するカウンターカルチャーから、言い換えれば一九世紀以来の西洋文化をかたちづくってきたブルジョア文化を否定する敵対文化からアメリカを守るという論理だった。

第四にクリストルが挙げたのは、ネオコンサーヴァティズムは平等という伝統的なアメリカ的理念を肯定するが、政府が平等主義を目標に掲げることは批判するということだった。それは独立宣言のなかにこめられた諸権利の自然な平等、言い換えれば建国二〇〇周年という節目の一九七〇年代にあって、アメリカ建国のヴィジョンへの回帰と連動するものだった。この点でもネオコン第一世代は、ニューライトの考えを脅かすことなく合流することができた。

第五の点は、諸々のアメリカ的価値に敵対的な世界のなかでは、アメリカのデモクラシーは長くは生き延びることができないというかれらの考えである。これは一九七〇年代という時代状況のなかでは、ヴェトナム戦争後の孤立主義回帰という世論への批判、デタントにたいする批判というネオコン第一世代の主張を導いていった。強硬な対外政策への支持と結びつきやすいこの点は、一九九〇年代にネオコン第二世代に継承され、二〇〇〇年代のアメリカ外交に影響を及ぼしていくことになる。ただし第一世代の場合、ニューライトと同様に反共主義を基にしてこの考え方は醸成されていた。ニューディール評価などで見解の隔たりがあったにもかかわらず、ニューライトとネオコンとが一致団結できたという点で、融合主義に占める反共主義の重要性があらためてうかがえる。

3　ネオコンのゴッドファーザーの思想形成

第一世代を代表する知識人のなかで、ネオコンのゴッドファーザーと言われるアーヴィング・クリストル（一九二〇―二〇〇九）は一九二〇年、イースト川をはさんでマンハッタンの東に位置するニューヨーク市のブルックリンで生まれた。クリストルやポドレッツら、ニューヨーク市内のスラムで生まれたユダヤ系のかれらは「ニューヨーク知識人」という別のカテゴリーでも括られ、ニューヨーク知識人としてクリストルは第二世代に当たる（Dorman 2001: xxiii）。クリストルの友人たちである同世代のニューヨーク知識人のなかには、のちに『ディセント』誌を創刊するアーヴィング・ハウのように生涯をつうじて民主的社会主義という反共左翼にとどまった者もいれば、ダニエル・ベルのように文化的に保守に傾斜していきつつも、ネオコンという呼称で呼ばれることを一貫して拒否した者もいる。

アーヴィング・クリストル

クリストルは、ニューヨーク市立大学（Ciry College of New York）に入学し、同世代のユダヤ系の友人たちとともに反スターリンの立場をとるトロツキズムの学生団体、青年社会主義連盟に所属した。当時のニューヨーク市立大学の大学食堂は、広いスペースのなかにアルコーヴと呼ばれる軽食販売のカウンターがいくつも併設されていて、そのそれぞれのアルコーヴがいろいろな傾向の学生たちのたまり場になっていた。シオニストの学生たちが集まるアルコーヴがあれば、スポーツ選手たちが集まるアルコーヴ、少数ながら黒人学生たちが集まるアルコーヴもあった。そうしたなかでクリストルがメンバーに加わったのは、反スターリンの政治的傾向をもつ学生たちが集まる第一アルコーヴだった。名前を挙げたハウやベルにくわえて、シーモア・マーティン・リプセット、ネイサン・グレイザー、フィリップ・セルズニックといったのちに社会科学の分野で著名な学者になる者たちが、この第一アルコーヴの中心的メンバーだった。ちなみに第二アルコーヴには、親スターリンの立場をとる学生たちが集まっていた（Kristol 1983: 6-7）。

第一アルコーヴに集まった若きラディカルたちが愛読したのは、第1章のバーナムの箇所で触れたトロツキストの雑誌である『ニューインターナショナル』と、反スターリン、反共産党の立場をとる左翼知識人の雑誌『パルチザン・レヴュー』だった（Kristol 1983: 11）。『パルチザン・レヴュー』は、前衛的で高尚な文芸批評の雑誌であり、著名な左翼知識人たちやライオネル・トリリングのような文芸批評家が寄稿していた。若きトロツキストだったクリストルたちは、それらの雑誌に寄稿する「大人たち」の議論を学ぶことをつうじて、大学の講義では得られない知的研鑽を積んでいった。このような反スターリン、反共産党という思想的出発点は後々、クリストルがトロツキズムを捨てて反共リベラルへと移行し、さらには反共保守へと転向する際の重要な鍵のひとつになる。

ソ連の共産主義を批判しつつ、しかしラディカルな左翼にとどまろうとした若きクリストルの理想を打ち砕いたのは、戦時中の従軍経験だった。アメリカ陸軍第一二機甲師団の兵士としてヨーロッパ戦線に従軍したクリストルは、東海岸のニューヨーク市というコスモポリタンな都市を出て、はじめてさまざまなアメリカ人と集団生活のなかで接触することになった。そこで否応なしに生じた心境の変化を、クリストルはのちに、このようにインタビューのなかで語っている。

わたしはシカゴで入隊しました。わたしの原隊の約半分はイリノイのシセロから来ていたようでしたが、そこはアル・カポネの故郷というか、すくなくともかれが犯罪に手を染めた原点で、かれらはとても屈強でとても反ユダヤ主義的でした。わたしはかれらをみて、こう思いました。「この人たちと社会主義を創りだすことはできないだろう。かれらを根絶やしにはできない――一緒に生きていかなければならない――のなら、社会主義のほうを考え直すのが良い」。わたしたちの理想だった新しい社会主義的人間を創造することは、おそらくユートピア的な企てだろうし、アメリカの労働者階級は社会主義者たちが考えているような者たちではないということに気がつきました。このとき、実現されるべき政治的ヴィジョンとしての社会主義という観念は崩れました。そのため、わたしは社会民主主義者になり、一九四〇代までにある種のリベラルになっていました（Dorman 2001: 91-92）[1]。

しかもクリストルは、ヨーロッパでホロコーストの現実を知るとともに、イラスエル建国に向けて非合法に出発する人びとと話をする機会も持った。ヨーロッパでのこうした経験は、それまで自覚したことのなかったユダヤ人としてのアイデンティティ、それまで批判的であったシオニズムにたいする共感をクリストルに持たせることになったという（Dorman 2001: 106-107, 110）。

復員したクリストルは、従軍前に結婚していた妻のガートルード・ヒンメルファーブ――ベア・クリストルの名前でも知られる――のケンブリッジ留学に同行してふたたびヨーロッパに滞在した後、ニューヨークに戻った。仕事を求めたクリストルは、アメリカユダヤ人委員会に勤めていた義理の兄であるミルトン・ヒンメルファーブから、ユダヤ系知識人たちによる言論雑誌である『コメンタリー』（一九四五年創刊当初、アメリカユダヤ人委員会の機関誌だった）が編集者見習いを求めているという話を聞き、応募して採用された。一九四七年のことである。『コメンタリー』の編集者の職を皮切りに、クリストルはニューヨーク大学の職を一九六九年に得るまで、国内外のさまざまな雑誌の編集者を経ながら生計を立てていった。戦後の好景気のなかでクリストルたちの生活も豊かになった。『コメンタリー』編集の職を得たクリストルは、マンハッタンのアッパー・ウエストサイドにアパートメントを借りることができるようになった（Kristol 1995: 15）。戦後のアメリカに出現した豊かさのなかで、イデオロギー対立はもはや有効性を失ったという主張は、大学時代の仲間であるベルによって「イデオロギーの終焉」という言葉で表現されることになる。

クリストルが学生時代、『パルチザン・レヴュー』誌の講読をつうじてトリリングの考えに親しんでいたことはさきにも触れた。クリストルは一九四〇年代に影響を受けた人物としてそのトリリングを後年になっても挙げている。一九五〇年代に影響を受けた人物としてクリストルが名前を挙げたのは、レオ・シュトラウスだった。クリストルによれば、実践的徳のなかでもっとも偉大なものは賢慮であるとシュトラウスは考えていた。それゆえに、たとえ知的には距離を置き続けたとしても、近代の政治体制のなかでは最善のものとしてシュトラウスはリベラルなデモクラシーを擁護した。クリストルはのちにそう述べている（Kristol 2011: 321）。シュトラウス自身が実際にそのように考えていたかはともかく、アメリカをかたちづくるレジームであるリベラルデモクラシーをめぐって、シュトラウスに仮託させたクリストルの考えがそこには透けて見える。

アメリカを守ることを主張するニューライトが、政府内の共産主義者の告発をめぐって、それを擁護したことは第1章ですでに触れた。チェンバースがマッカーシーを評価せず、その点でバックリー・ジュニアと意見を異にしたこともすでにみたとおりである。保守のなかでマッカーシズムに異議を唱えたのがチェンバースであるのにたいして、リベラルのなかで反マッカーシズムを批判したのがクリストルだった。

クリストルは一九五二年三月、編集主幹に昇格していた『コメンタリー』に「市民的自由、一九五二年――混乱についての一研究」と題した論考を発表した。クリストルは、バックリー・

1　クリストルは、仲間のアメリカ兵たちがあまりにも容易く略奪、レイプ、戦争犯罪人の即時処刑をおこなっているのを目の当たりにして、権威にたいする反感が消え失せたことも回想している（Kristol 2011: 325）。

ジュニアのようにマッカーシーをこの論考のなかでけっして肯定的に評価はしていない。むしろマッカーシーを念頭に置いて、クリストルは「俗物的な扇動家」が共産主義とリベラリズムを一緒くたに攻撃していると指摘している。ただし、そうだからといって、リベラリズムを守るために共産主義も擁護する必要があると考えるのは誤りだとクリストルは主張した（Kristol 2011: 49）。

クリストルは、共産主義は左でファシズムは右という従来の二項対立の図式は現実に合っておらず、共産主義者の市民的自由を擁護しようとすることは、実際にはナチスやファシストの市民的自由を擁護することに等しいと主張した。後年になってクリストルは、当時の判断の背景をこう述べている。

> 結局のところ共産主義者たちは、われわれの立憲的デモクラシーにとって敵対的な全体主義の集団だった。かれらの市民的自由をわれわれがどのように規定するかは、原理の問題ではなく、賢慮の問題だった。ワイマール共和国という経験の後では、これは私にとって道理にかなった問題への接近の仕方に思われた（Kristol 2011: 331）。

クリストルはある状況のなかで何が善きことであるかを判断しようと努めた。クリストルが賢慮という言葉でもって自らのふるまいを後年に振り返っていることには注意しておきたい。というのも一九五〇年代にあって、クリストルがシュトラウスから影響を受けた点が、このかれの判断にあらわれていると言えるからである。ネオコンとシュトラウスの関係は、それから五〇年後の二〇〇〇年代になって、とくにネオコン第二世代の強硬な対外政策との関連のなかでスキャンダラスに論じられることになるものの、西洋的価値はいつどのようにして守ることができるのかというクリストルの判断のなかにこそ、ネオコンとシュトラウスとのあいだのより適切な関係を見出すことができるのかもしれない。

クリストルの反・反マッカーシズムと言える反共リベラルとしての主張には、リベラルな知識人界隈はもちろんのこと、ニューヨーク知識人の仲間内からも批判や異論が出された。そのためにクリストルは『コメンタリー』の編集主幹を辞任せざるを得なくなった。職を失ったクリストルを助けたのは、第1章ですでに登場した、反共リベラルの闘士であり、ニューヨーク知識人としては第一世代にあたるシドニー・フックだった。フックは、反共リベラルの知識人団体である文化自由会議の事務局にクリストルを雇い入れた。[2]

その後、クリストルはアメリカを離れて渡英し、文化自由会議の活動の一環として、反共主義を旗印としてヨーロッパの知識人を結集させることを目的とした雑誌『エンカウンター』の創刊と編

2　クリストルを採用することに触れたアーサー・シュレジンジャー・ジュニア宛ての一九五二年六月六日付書簡のなかでフックは、ニューディールと共産主義とを一緒くたにして扱うチェンバースのやりかたをクリストルは採っていない点を重要視している（Shapiro 1995: 183-185）。反共リベラルと反共保守との分割線が、ニューディールを肯定するか否かにあることがあらためてわかる。

ノーマン・ポドレッツ

集に一九五三年から一九五八年まで、英国人のスティーブン・スペンダーとともに携わった。[3] クリストルは、東西冷戦が確立されていくなか、共産主義から西側のリベラル・デモクラシーをペンの力で防衛するための、環大西洋的な反共ネットワークの構築にかかわることになった。この活動は、クリストルの知的交流の範囲を大きく広げることにもつながった。英国でクリストルは、労働党の議員たちと交流するだけでなく、マルコム・マゲリッジやマイケル・オークショットといった保守のジャーナリストや思想家との知己を得ていった (Kristol 2011: 335)。[4]

4 『コメンタリー』誌を引き継いで

クリストルと同じくニューヨーク市のブルックリンに生まれつつ、クリストルよりも一〇才年下のニューヨーク知識人であるのが、ノーマン・ポドレッツ（一九三〇—）である。ポドレッツが生まれ育ったのは、ブルックリンのなかのブラウンズヴィル。今日ここは、アフリカ系とプエルトリコ系が集住する地区になっているが、かつては東欧やロシアから移民してきたユダヤ系が、イタリア系やアフリカ系とともに多く住む場所だった。この貧困地区に東欧のガリシア地方から移民してきたポドレッツの両親や祖父母たちはイディッシュ語を話し、英語を十分には解さなかった。経済的にも文化的にもアウトサイダーの出自から出発したポドレッツは、大学に進学して英米文学の高度な教養を身につけることでニューヨーク知識人としての立身出世を果たした。

クリストルのように年上のユダヤ系の子弟たちの多くがニューヨーク市立大学に進学するなか、ポドレッツは教育熱心な高校教師に恵まれたこともあり、クラスで上位の成績を修め、全学給付の奨学金を得てマンハッタンにあるコロンビア大学で学んだ。ポドレッツが教えを受けたのが、当代随一の文芸批評家にして『パルチザン・レヴュー』の常連寄稿者でもあり、ニューヨーク知識人の年長者であったトリリングだった。トリリングから才能を高く評価されたポドレッツは、文芸批評を自分の天職と定めた。

ただしポドレッツは、自分の出自を完全に捨ててアングロサクソン文化に同化していったわけで

3　文化自由会議と『エンカウンター』誌にはCIAから資金供与がなされたことが今日では知られている。クリストル自身の給与も、CIAが設立したファーフィールド財団から支払われたという（Saunders 1999: 176）。CIAとのつながりについてクリストルは、一九六〇年代末には自ら公表している。クリストルは、文化自由会議と『エンカウンター』がCIAから資金提供を受けていることを事前に知っていたら、この仕事を引き受けなかっただろうと記している。その理由としてクリストルは、独立した書き手という名声を自分は求めていたということと、軍隊にいた際、今後は二度と大きな組織の一員として働くことはしないと心に誓ったということの二つを挙げている（Kristol 1983: 15）。

4　クリストルは『エンカウンター』の編集者として、レイモン・アロン、イニャツィオ・シローネ、アイザィア・バーリンといったヨーロッパの知識人たちとも知り合った（Kristol 2011: 337）。

はなかった。コロンビア大学に進学したかれは、ブラウンズヴィルからマンハッタンまで片道九〇分をかけて親元から通学した。また、父親のジュリアス・ポドレッツの希望により、同じくマンハッタンにあるユダヤ教神学院にも、ポドレッツは平日の週に二晩と日曜日に通って学位を取得した。左派ではあるが社会主義者というわけではなく、シオニストではあるが熱狂的というわけではなかったジュリアスは息子に、アメリカの地での新しいユダヤ人であって欲しいと望むとともに、ヘブライ文化とのつながりを保つことも同時に期待した(Jeffers 2010: 13)。

コロンビア大学とユダヤ教神学院を卒業後、フルブライト奨学金を得て英国のケンブリッジに留学したポドレッツは、軍務を経たのちに『コメンタリー』の編集者となり、一九九五年の引退まで長年にわたって編集長として辣腕をふるった。

一九六〇年に前任者のエリオット・E・コーエンから編集長を引き継いだ――前年にコーエンは悲劇的な自死を遂げてしまった――ポドレッツは、『コメンタリー』の論調を当初、リベラルからラディカル寄りにシフトさせた。自身の回想録である『隊列を乱す』のなかで語られているように、スターリンが死去してフルシチョフがソ連の指導者になって以降、ポドレッツは反共主義を保持しつつも、自分の師であるトリリング、あるいはその妻であるダイアナのような年長者たちの強硬な反共主義には違和感を抱くようになっていた(Podhoretz 1979: 40, 62-63)。ノーマン・メイラーやノーマン・O・ブラウンのような、カウンターカルチャーをかたちづくっていく作家たちからの影響も少なくなかった(Podhoretz 1979: 46-49)。

だが、ポドレッツのラディカリズムへの傾倒は長くは続かなかった。ラディカリズムへの違和感をポドレッツにもたらしたもののひとつは、人種統合をめぐる知識人たちの楽観的な見方だった。ポドレッツは『コメンタリー』に掲載された一九六〇年代前半の代表的エッセイである「私の黒人《ニグロ》問題――そしてわれわれの問題」（一九六三年）のなかで、戦前のブルックリンで黒人たちと同じ学校に通いつつ、かれらからしばしば暴力を受けた少年時代を回想している。

ポドレッツ少年は、ユダヤ人は金持ちで黒人は迫害されていると言われているのを聞き、理解に苦しんだ（Podhoretz 1963/2004=1970: 229-230）。そうした物言いは、自分の周囲の状況とは大きくかけ離れていたからである。それと同様に、大人になったポドレッツは、黒人は白人が自分たちの看守であるという意識にとらわれ、白人は黒人にたいして罪の意識を有しつつもそれを自覚化しないが故に、両者の意識はそれぞれ、憎悪に転化しているのだという心理学的な説明を聞いて困惑した（Podhoretz 1963/2004=1970: 236）。同様に貧しかった白人が何故、黒人から自分たちの看守であるとみなされることがあっただろうか。あるいはまた、遅れてアメリカにやって来たイタリア系やユダヤ系の移民が、黒人の搾取や奴隷化にどれほど加担したというのか。ポドレッツの答えはどちらもノーだった（Podhoretz 1963/2004=1970: 236）。

黒人と白人との人種統合が進みさえすれば、おのずから相互理解と共感が生まれていくだろうという主張は幻想である。ブラウンズヴィルで育った自らの原体験に基づいてポドレッツはそう確信していた（Podhoretz 1979: 125）。そのうえでポドレッツは、アメリカの人種問題にもしも解決策があるとしたら、それは完全な同化をもたらす異人種間結婚しかありえないという主張をおこなった。このエッセイは大きな話題となり、とりわけ非難や批判が多く寄せられたが、とくにポドレッツは、のちにブラックパワー運動の主要な活動家となる、学生非暴力調整委員会のストークリー・カーマイケルから「人種差別主義者」と名指しされたことを回想している（Podhoretz 1979: 141）。これはポドレッツにとってまったく許容できないことだった。なぜなら、それは「ナチ」と呼ばれることに匹敵する言葉だったからである。

ポドレッツにとってさらに決定的な転回点となったのが、ロスバードについて論じた際にも触れた、一九六七年に生じた六日間戦争（第三次中東戦争）だった。イスラエルの圧倒的な勝利に終わったこの戦争によって、ユダヤ系アメリカ人社会のなかから反シオニズムの空気が一掃される一方で、ニューレフトからはパレスチナ支持と連動して、イスラエルをファシズムと同一視する激しい批判が生じた。こうした左翼からの批判のなかで、一九六〇年代の終わりにポドレッツは、イスラエルとユダヤ系をカウンターカルチャーから防衛するために、アメリカにおける「中産階級の価値」の積極的擁護を決意するようになっていった（Balint 2010: 107-116）。ポドレッツは、新たに浮かび上がってきた敵対の構図を回想のなかでこう述べている。

一九七〇年までにほぼ万人の知るところとなったのは、ラディカルな左翼はイスラエルに敵対的であるということだった。そのうえ、たとえイスラエルという国家への反対が理論的には必ずしも反ユダヤ主義の一形式でなくとも、ラディカルな左翼の「反シオニズム」を、よく知られている意味での反ユダヤ主義と区別することは、ますます難しくなりつつあった（Podhoretz 1979: 329）。

イスラエルとアメリカ国内のユダヤ系アメリカ人社会を反ユダヤ主義の新しい潮流から守ること、それが『コメンタリー』の課題であり、自身の知識人としての役割としてポドレッツには自覚されていった。

5　ホワイト・エスニックからみた人種問題

自伝的回想を含んだポドレッツの批評と比較すれば、一九六六年九月一一日付『ニューヨーク・タイムズ・マガジン』誌（『ニューヨーク・タイムズ』紙の日曜版別冊）に掲載された「今日の黒人《ニグロ》は昨日の移民のごとし」という論考のなかでクリストルは、当時において拡充されつつあった貧困対策プログラムにたいする批判と連動させつつ、より社会科学的な視点のもとで人種をめぐるみずからの見解を示した（Kristol 1966: 124）。クリストルの主張を理解するひとつの鍵は、ホワイト・エスニックである。ホワイト・エスニックとは、クリストルやポドレッツのようなユダヤ系、あるいは東欧系や南欧系、さらにはアイルランド系のような、アメリカを建国以来かたちづくってきたいわゆる「ワスプ」――アングロサクソンでプロテスタントの諸宗派を信仰する白人――ではない白人エスニック集団のことである。クリストルは、このホワイト・エスニックと黒人たちとを対比させつつ、議論している。

クリストルは、南部での公民権運動から波及して今や北部諸都市を黒人たちの異議申し立てが席巻しているなか、南部から北部へと国内を移民してきた黒人たちは、アイルランド系やユダヤ系のような国外からの移民集団と同様の経路をアメリカ社会のなかで辿るのか、それともかれらは特別な病理的境遇に置かれているのかと自問する。クリストルの回答はそのタイトルのとおり、黒人たちは特別な病理的存在ではなく、国外からであれ国内からであれ、移民としての境遇という点では自分たちとまったく同様であるというものだった。

クリストルにしたがえば、実際には今日においては毎年、数多くの黒人たちが貧困から脱し、少なくない者が収入と雇用上の地位という両方の観点から中産階級に上昇している。さらに言えば、そもそも黒人たちのスラムそれ自体が、かつて自分たちの親の世代が北部の都市に定着した際に住んだそれに比べれば格段に改善されている。クリストルは、今日の都市の黒人スラムの居住密度は以前よりも低くなっており、アイルランド系、イタリア系、ユダヤ系がかつて住んでいたスラムのそれよりも、相当に低くなっていると主張している（Kristol 1966: 128）。それにもかかわらず、白人たちにとって黒人たちの境遇が悪く感じられるのは、白人たちの暮らしがかつてに比べて相対的に良くなったからであるというのが、クリストルの理解だった（Kristol 1966: 128-130）。

このような理解を踏まえたうえで、クリストルが指摘するのは、黒人の貧困層を対象におこなわれている社会政策は、依存という悪循環を断ち切ることを目的としているものの、実際にはそうした政策それ自体が、福祉への依存の世代間継承をもたらしてしまっているということだった。この点で強調されるのが、イタリア系やアイルランド系との対比だった。かつてアメリカ社会は、いかにそれが不快なものであろうと、貧乏人たちに労働の規律を強いた。こうした規律を捨てることがなかったら、「依存の連鎖」を目にすることはわれわれにはなかっただろうとクリストルは強調する（Kristol 1966: 132）。[5] 白人主流社会への同化が比較的容易であったとしても、ホワイト・エスニックもまた、黒人たちと同じスタートラインから始めなければならなかったのであり、その同化の成功はクリストルにとって、ユダヤ系を含めたホワイト・エスニックの労働規律や家庭道徳の優位を示すものだった。

福祉こそが黒人たちを依存の連鎖に追いやり、かれらの自立を妨げているというクリストルの論理は、反共リベラルからネオコンへの転向の予兆を示す主張だった。その主張が妥当かどうかはともかく、ネオコン第一世代の知識人たち、とくに社会科学的な方法に依拠しようと努めていた者たちは「政策知識人」として、理論やアイデアに基づくさまざまな政策がしばしば政策立案者の意図

5　クリストルは「モイニハン報告」に依拠して、黒人家庭と今日の白人家庭を比べるのではなく、かつての白人家庭と比較する必要を指摘したうえで、黒人家庭が白人家庭に比べて安定と継続性を欠いた単位であること、黒人家庭の問題が子どもの多さに主に由来するものであることを主張している（Kristol 1966: 134-136）。

とは異なる帰結をもたらす点を重視した。クリストルとポドレッツの仲間であるネイサン・グレイザーは、この点を指摘した代表的論者のひとりである。すでに言及したベルやリプセットらもそうした論者に加えることができる。そのかれらは一九六五年、「公共政策を分析すること、とくにその限界と帰結を分析すること」（Podhoretz 1979: 286）に焦点を当てた『パブリック・インタレスト』誌を創刊し、人文的教養を背景とした従来の知識人とは異なる、社会科学的分析に長けた「政策知識人」としての活動を広げていった。[6]

ジーン・J・カークパトリック

6　オクラホマからの立身出世

クリストルとポドレッツがコスモポリタンなニューヨーク市の生まれであるのにたいして、のちのジーン・カークパトリックことジーン・ジョーダン（一九二六―二〇〇六）は、オクラホマ州のダンカンという小さな町に生まれた。父方の祖父、フランク・ジョーダンは、レッドリバーを越えてテキサスから一八九六年にオクラホマにやってきたという（Collier 2012: 2）。ファットという愛称で呼ばれたジーンの父、ウェルチャー・ジョーダンは石油掘削に従事する労働者だった。ジーン・

ジョーダンの幼少期である一九三〇年後半は、なお大恐慌の只中であり、ダストボウルと呼ばれた大規模な砂嵐にしばしば襲われたオクラホマからは、小説『怒りの葡萄』で描かれたように多くの農民たちが生き延びるために西海岸へと移っていった。かれらはカリフォルニアで「オーキー」と呼ばれて下に見られつつ、アジア系やメキシコ系に交じって農業労働者になった。ジーンの幼友達の家庭の多くも当時、カリフォルニアに向かったという（Collier 2012: 9）。ジョーダン一家はイリノイ州に移り、ヴァンダリアという小さな町を経てマウント・ヴァーノンに落ち着いた。

マウント・ヴァーノンの地元高校を卒業したジーン・ジョーダンは、シカゴ大学に進学したかったものの、父の希望との折り合いがつく、当時は二年制だったミズーリ州のスティーヴンス・カレッジで学んだ。父親は望まなかったが、ジーン・ジョーダンは一九四六年、中西部を離れ、コロンビア大学と提携関係にあるバーナード・カレッジに進んだ（Collier 2012: 17-18）。

この時期のジーン・ジョーダンの政治的傾向を知るうえで象徴的なエピソードがいくつかある。チェンバースによるヒスの告発について、同級生の多くがチェンバースは信用ならない人物でヒスは無罪であると考えていたのにたいして、ジーンは報道を丹念に読んだ結果、ヒスが嘘をついてい

6　ただし一九七〇年代に入り、マクガヴァン支持を堅持したベルは、この雑誌から離れることになる。それにたいしてクリストルは、ニクソン再選を「冷ややかに」是認した。自分のような裏切り者のリベラルを、マイケル・ハリントンがネオコンサーヴァティヴと名づけたのは、それからほんの一年かすこしあとだったとクリストルは回想している（Kristol 2011: 352-353）。

るという確信をもっていた。また、一九四八年の大統領選挙では、ジーンは容共的なヘンリー・ウォレスではなく、スターリンにたいして強い態度をとるハリー・トルーマンを支持した。リトアニアから亡命してきたユダヤ人家族との交流をつうじて、ジーンは当時まだ全貌が知られていなかったユダヤ人虐殺について個人的に知る機会も得ていた（Collier 2012: 21-23）。こうしたエピソードから、ジーンが反共リベラルと言って差し支えない思考の型をかたちづくっていったことがうかがわれる。

政治学を学ぶためにコロンビア大学の大学院に進んだジーンを指導したのは、亡命ユダヤ人であり戦中は戦略情報局に勤務していたフランツ・ノイマンだった。ジーンはノイマンの勧めで、同じく戦略情報局に勤務し、当時は国務省にかかわっていたヘルベルト・マルクーゼの講義にも出席している。こうした亡命ユダヤ人の教師たち以上に、ジーンのその後の人生を大きく左右することになったのが、博士号取得を続けるかたわらノイマンの紹介で国務省の職を得た際、彼女の上司となり、のちにプライベートでもパートナーとなったエヴロン・M・カークパトリックだった。『ナショナル・レヴュー』が創刊されたのと同じ一九五五年、ふたりは結婚し、ジーンはその後の人生でジーン・カークパトリックという氏名を用いるようになる。

親しい人びとから「カーク」と呼ばれていたエヴロン・カークパトリックは政治学者であるかたわら、国務省、そして民主党の政治家とも深いパイプをもつという知る人ぞ知る人物だった。イリノイ大学シャンペーン校で政治学者のチャールズ・ハイネマンのもとで修士を終えたのち、イェールで博士号を取得したエヴロンは、一九三五年にミネソタ大学に講師として赴任した。そこでエヴロンが自分とそれほど年齢の変わらない学生として知り合ったのが、のちにミネソタ政界の有力者となり、ジョンソン大統領のもとで副大統領を務めることになるヒューバート・ハンフリーだった。エヴロンとハンフリーはともに、ニューディール政策の熱心な支持者であると同時に、強固な反共主義者という点で一致しており、かれらは民主党とミネソタ労農党とが合同する際に、共産主義者を排除することに一役買った（Collier 2012: 34）。戦時中には戦略情報局に勤務し、戦後は一時的にミネソタ大学に復帰したエヴロンだったが、アチソン国務長官ならびにかつての上司のウィリアム・ドノヴァンに請われ、エヴロンは最終的に大学の職を辞して一九四七年に国務省に戻っていた。

ジーンは、エヴロンをつうじてさまざまな交友の機会を持つことになるが、なかでもフック、そしてエヴロンと同様に戦略情報局に勤務したバーナムとの交流は特筆すべきだろう（Collier 2012: 59）。ジーンの反共主義がかれらとの交流によってさらに盤石なものになったことは容易に想像できる。

ただし、ジーン・カークパトリックにとって、ジョンソン大統領の「偉大な社会」プログラムには多くの問題があったとしても、民主党はなお支持するに値する政党だった。なぜなら、ジョンソンは共産主義という悪と対峙するために、ヴェトナムへの介入を断固としておこなっていると思われたのであり、その後継者でありエヴロンの盟友でもあるハンフリーも反共主義を継承する候補者だったからである。クリストルもまた、一九六八年にはハンフリーの選挙運動の対策本部にかかわったことを後年に回想している（Kristol 2011: 352）。

それにたいして、一九七二年の大統領選で最終的に民主党の候補者となったマクガヴァンは、明白に容共主義の立場をとる政治家であり、カークパトリックだけでなくクリストルやポドレッツにとっても支持しがたい存在だった。カークパトリック、クリストル、ポドレッツはマクガヴァンの敗北後、民主党の正常化を期待して、当時の民主党においてリベラルかつ反共主義の急先鋒だったヘンリー・〝スクープ〟・ジャクソンと連絡をとりあい、党内のニューレフト勢力に対抗するための「党内多数派連合（ＣＤＭ）」を結成した。[7]

カークパトリックらは、ふたたび大統領選の年である一九七六年にはジャクソン支持を表明しつつ、カーターの勝利が確定した後は、その年の一一月に、イェールの法学者であるユージン・Ｖ・ロストウらによって設立された「現在の危機にかんする委員会（ＣＰＤ）」に加わった（クリストルは不参加）。この委員会は超党派の集団であったが、のちにこのＣＰＤからは、軍備管理軍縮庁長官になったロストウや国連大使になったカークパトリック（一九八一年二月から一九八五年四月まで在任）をはじめ、共和党のレーガン政権に閣僚として参画した多くの知識人を輩出した。[8]

その頃、カークパトリックは一九六〇年代から一九七〇年代にかけての民主党のみならず共和党をも含めたアメリカの政党政治の現状に危機を感じ、一九七六年に『新しい大統領選エリート』という大部の著作を発表した（Kirkpatrick 1976）。

『新しい大統領選エリート』に結実した分析結果を下敷きにして、カークパトリックは一九七八年、ワシントンＤＣの保守系シンクタンクであるアメリカン・エンタープライズ研究所（ＡＥＩ）

からリーフレットを刊行した。カークパトリックがこのリーフレットで強調したのは、大統領候補の選出をデモクラシーという観点からもっと完璧なものにしたいとの意図でなされた改革が、「政党という制度の解体を加速させるという意図せざる効果を有した」（Kirkpatrick 1978: 3）ということだった。

一九六八年のシカゴでの民主党の党大会では、その年のジョンソンの不出馬表明とその後のロバート・ケネディの暗殺、さらには党大会を取り囲んだ反戦デモと警官隊との衝突という騒然とした状況のなか、予備選挙では出遅れていたハンフリーが、マッカーシーやマクガヴァンを抑えて民主党の大統領候補に選出された。このような選出のプロセスには、党のエリートに牛耳られた不透明なものであるという批判が起こり、党内に設置された委員会での議論を経て、党大会に参加する代議員の選出の透明化が図られた。この改革によって大統領選挙では、各州において党大会の前に

7　ポドレッツの妻であるミッジ・ディクターはカーター政権の頃を振り返りつつ、当時のカーターが、一部の例外を除き自分が会う者のほとんどが民主党を助けることに関心を失っていると言っていたのは正しかったと回想している。「党内多数派連合（CDM）」は、自分たちの終の棲家だと当時は考えられていたリベラリズムにしがみつく土壇場の努力であり、自分たちこそ本当のリベラルだと当時は主張していたが、そのように言っているあいだに、自分たちは実際には右に移動しつつあったのだとディクターは振り返っている。ディクターのこのような回想は、ネオコンへの転向が当時の当事者にとって必ずしも自覚的だったわけでないことを裏書きしている（Decter 2001: 124-125）。

8　この委員会は、一九五〇年代に同名のものが設立されており、一九七〇年代のものは、一九五〇年代の委員会と一定の人的な継続性を有しつつも、あらためて立ち上げられたものである（Sanders 1983）。

おこなわれる予備選挙の比重が決定的に高まることになった。

こうした改革は当初、政党内部の隠然たる腐敗を終わらせ、より直接的なデモクラシーをアメリカの政党政治にもたらすことが期待された。だが、カークパトリックにしたがえば、実際に生じたことは伝統的な政治的エリートが影響力を失っていくかわりに、新たに台頭してきたメディアやコミュニケーションの専門家たちが予備選挙を左右するようになり、大衆と政治エリートとの懸隔がますます大きくなった、ということだった。地元とのつながり、組織運営のスキル、仲間への忠誠といったものの政治的価値は劇的に低下したのにたいして、新たに台頭してきた専門家たちの有する説得のスキル、自己プレゼンテーションの巧みさといったものが影響力を高めるようになった(Kirkpatrick 1978: 13)。

カークパトリックによれば、地域における予備選挙の実施は、ボランティアへの依存を高めるだけでなく、予備選挙での勝敗を、候補者個々の組織とそうした組織の中核を占める市場調査やコミュニケーション・テクノロジーのスキルを有した専門家たちに依拠するようになった。そうした専門家たちは政党からは独立しており、収入の面でも政党に依存していないがゆえに、政党はかれらをコントロールすることができない。このことから生じる帰結は、組織にほとんど関心のない人間がその組織の諸々の政策に影響を及ぼすことが可能になるということだった。まさにこの点にカークパトリックは、容共的な政治家が支持を集めてしまうような政党の弱体化の原因をみた。

こうした分析を踏まえてカークパトリックが主張したのは、諸々のルールが帰結を形成するという事実は、それらルールが望ましい結果をもたらしうるということを意味しないということだった。予備選挙による党内政治の透明化を目指した政党政治改革は、原理原則の純粋な追求を目指しつつ、自分たちの想定するような方向へと制度を変化させることは可能であると考える、政治にたいする「合理主義的」アプローチの限界を露呈させたものであるとカークパトリックには思われた。それにたいして、リベラリズムにとどまる知識人たちは、政策の帰結をみることなく合理主義を今なお楽観的に抱いているようにカークパトリックにはみえた。そうした知識人たちへの苛立ちと、反共主義に基づく危機意識とが合流するとき、カークパトリックのなかで転向の準備が始まっていった。

7　資本主義に万歳二唱

ネオコンという呼称を積極的に受け入れていったクリストルは、若き日に自らが批判的にとらえていた資本主義を擁護する立場にまわっていった。一九七八年に出版された論文集である『資本主義に万歳二唱』というタイトルが示しているように、クリストルは福祉国家的な修正を含めたうえでの資本主義を肯定的に受け入れていった。ただし、そのような修正資本主義の肯定的受容はクリストルにとって、万歳三唱ではなく二唱にとどめるという抑制されたものだった。

クリストルにしたがえば、「資本主義は人間の精神がこれまで抱いたなかで、もっとも公共の秩序についてロマン的でない構想」(Kristol 1978: x) である。なぜなら資本主義は、貴族的な価値であれ宗教的な価値であれ、それらの追求を個人的な関心の領域に任せておくからである。それにたいして、ユートピア的な基準によって実際の社会秩序を判断する習慣が、近代の政治的想像力にはあまりにも深く浸透しているが、このような習慣はきわめて有害であるとクリストルは批判した。

クリストルにとって、資本主義の特長は第一に「それがうまくいっている」という点であり、第二には、それが個人的自由と相性が良いという点であった（Kristol 1978: x-xi）。こうした判断はおそらくクリストルにとって、アメリカのレジームをめぐる賢慮に由来するものであったのかもしれない。

その一方で、逆説的にも資本主義の成功は、それ自体が独自の欲求不満を育んでしまっている。すなわちこの体制がうまく機能し、ゆたかで自由になればなるほど、自分は一体何者なのかという「実存的な」負荷を個人にかけてしまう。実存的な悩みを抱えた今日の若者は社会に反抗し、既存のアメリカ社会の価値観に反旗を翻す、トリリングが言うところの敵対文化に参加しやすくなる。

クリストルはもうひとつ、資本主義が発展することでもたらされた制度的な問題についても指摘した。アメリカにおいてリベラルと呼ばれる人びと、あるいはヨーロッパで社会民主主義者と呼ばれる人びとは、福祉国家を拡張していく延長線上に、自発的な協同社会としてのオルタナティヴな社会主義をしばしば構想してきた。だが、二〇世紀の現実世界においてそのようなものは存在せず、実際に存在しているのは官僚主義的な集産主義でしかないことをクリストルは強調した（Kristol 1978: xiii）。

ただし、経営者国家の支配階級として経営者階級を規定したバーナムにたいして、クリストルをはじめとするネオコン第一世代は、官僚機構それ自体を否定するのではなく、ニュークラスという新興階級が国家を官僚主義的に変質させつつあるとみなした。クリストルは、かれらニュークラスの階級利益をつぎのように指摘している。

この「ニュークラス」は科学者、弁護士、都市計画家、ソーシャル・ワーカー、教育者、犯罪学者、社会学者、公衆衛生医などから成り立っている。かれらのうちの相当な数は、民間セクターではなく公共セクターを拡大することに自分たちのキャリアを見出している。実際にこの公共セクターこそ、かれらが好むものなのだ。あるひとが言ったように、かれらは「理想主義的」である。すなわち、個人の金銭的な報酬にはあまり関心がなく、自分たちの階級の集団としての力に関心がある（Kristol 1978: 15）。

クリストルによれば、かれらニュークラスは、経済にかんすることを除けば「リバタリアン」であると言ってよいほど個人の自由を祝福し、善き生の構想という点ではアナーキーですらある。その意味でかれらは、改革志向であり「革新的」にみえる。だが実際には、かれらは毛沢東の中国を革新的であると考えるような者たちであり、経済にかんするさまざまな決定を市場から切り離し、自分たちの意のままにできる公共セクターに権限を移転させようとしている。たとえばかれらは、各種の環境汚染に対処するといった名目で動きをつくりだしており、そうした動きは今日、メディアによって称賛されているものの、そのメディア自体が、まさにニュークラスから成り立っているとクリストルは批判した（Kristol 1978: 16）。

そのメディアもそうであるが、今や主たる企業は個人経営者の所有する私的な存在ではなく「疑似公共的」なものになっている。クリストルにとって、企業のそのような組織的な変容がもたらしうる危機とは、大企業が公共セクターに徹底的に統合され、ある種の「国家資本主義」と呼びうる体制転換が秘密裏に生じてしまうことだった。仮にこうした転換が起きたなら、それはアメリカ人たちが伝統的に享受してきた個人の自由にたいするもっとも大きな潜在的脅威になるとクリストルはみなした（Kristol 1978: 22）。クリストルにとって重要な点は、このニュークラスが既存の経済界にたいして「明白な敵意」（Kristol 1978: 27）を有していることだった。クリストルにしたがえば、伝統的な価値観を脅かす敵対文化は、ニューレフトとカウンターカルチャーに影響された若者たちだけのものではなく、国家権力を握ろうとしている――そうネオコン第一世代には思われた――ニュークラスを動かしているものでもあった。

ポドレッツも同じく、ニュークラスと敵対文化とのつながりを重視している。ポドレッツは、黒人の場合は理解できるとしても、一九六〇年代の裕福で特権をもった若者――バークレイやコロンビアやハーヴァードの学生たち――が自分たちを抑圧され虐げられた少数者であると考え、自分たちの国にたいして憎しみに満ちた敵対心を向けることほど困惑をもたらすことはないと述べた

(Podhoretz 1979/1981: 19)。ポドレッツのみるところ、ニューポリティクスと呼ばれる現在の政治状況は「黒人ならびに貧者とニュークラスの連合」によって主導されようとしており、このニューポリティクスのもとで敵対的な文化はこれまでになく実際の権力へと近づきつつあると思われた。

現在は観念がビジネスを動かす時代であり、さらには政治をも動かす時代になりつつある。そのような時代において、敵対的な文化を梃子のように用いて権力を手中に収めつつあるのがニュークラスであり、そのようなニュークラスが権力を握れば、伝統的なアメリカ的価値を攻撃する敵対的な文化こそがアメリカの主流な文化になってしまう。ニュークラスと敵対的な文化の台頭というアメリカ社会の危機に、歯止めをかけることが自分たちの役割である。ポドレッツは今やそう考えていた。このようにして、『コメンタリー』や『パブリック・インタレスト』に集う知識人たちは「自由、デモクラシー、物質的繁栄、すなわちあらゆる私的な人間のまっとうさに欠かすことのできない基盤としての中産階級の諸価値を擁護するためにあらわれた」(Podhoretz 1979/1981: 30) のだとポドレッツははっきり述べるに至った。

8　ニュークラスがもたらした価値転換

カークパトリックのニュークラス分析もまた、権力と観念との結びつきをとらえたポドレッツと共通する分析を含んでいる。カークパトリックによれば、相対的に高い水準の教育と収入を有し、言語とコミュニケーションのスキルを要求される専門職を占めているニュークラスは、象徴をめぐる環境と、理念的なものと現実的なものとの関係のコントロールとに政治的な関心をもっている集団として規定される（Kirkpatrick 1979/1981: 33）。

カークパトリックのニュークラスをめぐる議論の特徴は、社会の制度を抽象的な原理に従わせようとする点で、カークパトリック自身の表現に沿えば、政治にたいする合理的主義的アプローチを採用する点で、ニュークラスの構成員は政治的信条の左右を問わず、イデオロギー横断的に存在していると理解するところにある（Kirkpatrick 1979/1981: 37-38）。そのような合理主義的アプローチは、クリストルやポドレッツも指摘してきた敵対文化と親和的である。敵対文化の重要な傾向としてカークパトリックは「抽象的な基準に沿ってさまざまな制度や慣行を測るという知識人の習慣」を挙げている。抽象的な基準からすれば現実の制度や慣行は、抜きがたく不満足なものであるとみなされることになるだろう（Kirkpatrick 1979/1981: 39）。今日のアメリカ社会を一〇年前のアメリカ社会や他の社会と比較すれば、アメリカ社会はそれなりに成功しているとみえるかもしれない。だが、正しい秩序という抽象的な原理に沿って測るなら、アメリカ社会は失敗しているとみなされるだろう。そこから生じるのは、現状にたいする不満と幻滅であり、一方的に現実の断罪をおこなう道徳主義である。[9]

大学進学者の増大やメディア技術の発達にともない、それまで一部の人間にとどまっていたブルジョア道徳にたいする敵対的な態度が、一九六〇年代のニューポリティクスの基盤になったとカークパトリックもまた理解した。ここから派生することはカークパトリックによれば、政党や政府といった既存の制度にたいする大衆的な信頼の喪失とシニシズムの高まりである。しかしカークパトリックは、ニューポリティクスは思わぬ副産物を生みだしたことも指摘している。それはすなわち、ニュークラスそれ自体の内部から、ニューポリティクスや敵対文化の危険性に気づき、伝統文化の擁護を開始した知識人たちが生まれていったということである。そうした知識人たちが、「ネオコンサーヴァティヴの運動」に集った自分たちであることは言うまでもない（Kirkpatrick 1979/1981: 44）。

そのうえでカークパトリックが挙げているのは、伝統的な価値や制度にたいする攻撃は、既存のリベラリズムと保守主義という従来の区分の分解を明るみに出したということである。ニュークラスの構成員は政治的信条の左右を問わず、イデオロギー横断的に存在しているのであれば、この結論に到達するのは、カークパトリックにとってなかば必然のことだった。カークパトリックの理解するところでは、伝統的な価値を攻撃しているのは、ポドレッツも指摘したように相対的に特権を有している若者や人びとである。それにたいして、既存の制度の擁護にまわっているのは、財産も教育も地位も相対的に低い人びとである。ここから今や明らかになったのは、今日のリベラリズムとは、「特権を有する人びとのイデオロギー」であり、翻って保守主義こそが「特権を有していな

9　こうした観点からカークパトリックは、一九六〇年代の反戦運動だけでなく一九五〇年代のマッカーシズムもニュークラスがもたらした政治の変容の一環に含んでいる（Kirkpatrick 1979/1981: 42-44）。このようにニューライトとネオコン第一世代は、すべての点で意見の一致を見ていたわけではない。

い人びとの立場」となったということである（Kirkpatrick 1979/1981: 45)。カークパトリックにとって伝統的な価値や制度を保守すべきなのは、まさにそうすることによって、こうした特権を有していない人びとの側に立つことが同時代において可能となるからであった。

戦後のアメリカ社会の変容のなかで、思想の配置図は大きく変化したとクリストルにもポドレッツにもカークパトリックにも思われていた。もしそれが事実であるなら、批判的な知識人としての立場を維持するということは、リベラルと保守という既存の枠組みにとらわれることなく、ニュークラスという新たな支配階級の敵意と攻勢から自らと人びとを防御するために、言論という武器を手にとることを今や意味したのである。

＊

クリストルのような確信犯を除き、図らずも保守へと合流することになったネオコン第一世代は、バックリー・ジュニアたちニューライトにとって思いがけない援軍となった。バックリー・ジュニアは、社会学や政策科学の知識をもったネオコンたちが、社会的データをとりまとめるやり方を、自分を含めた既存の保守に教えてくれたと回想している。

あの当時の保守のメッセージというのはきわめてプラトン主義的でした。「モラル」がすべてというか、いかに人々はふるまうべきかということばかりで、人びとは実際に何をしているのかに基づいたデータの蓄積に依拠するというものではなかったのです（Dorman 2001: 168）。

一九七〇年代にかけて保守へと合流を果たしつつあった、現状分析に長け、反共主義という点では自分たちに勝るとも劣らないネオコンという加勢を得て、ニューライトたちの思想運動は一九八〇年代のレーガン政権の誕生によって最高潮を迎えていく。しかしネオコンの参入は同時に、ネオコンと敵対する別の保守の潮流、ペイリオコンを活性化させることにつながり、まさに意図せざる帰結として、ニューライトのかなめである融合主義を動揺させることになっていくのである。

第4章

「新しい保守主義」の源流

社会的保守とシュトラウス学派

1 アメリカ保守主義変容のミッシング・リンク、ジャファ

第6章で詳しくみるように、トランプ大統領の誕生を後押しし、その後も一貫して親トランプである知識人たちの中核を成してきたのは、西海岸シュトラウス学派の関係者たちである。この西海岸シュトラウス学派を創設したのが、ドイツからの亡命政治哲学者であり、古典的政治哲学の復権に多大なる足跡を残したレオ・シュトラウスの高弟のひとり、ハリー・V・ジャファ(一九一八―二〇一五)だった。ジャファは一九六四年の大統領選で共和党の大統領候補になったゴールドウォーターのスピーチライターを務めたことで知られる。バックリー・ジュニアが指摘するように、ゴールドウォーターの演説中の有名なセリフ「自由を追求するにあたっての過激主義は悪徳ではない。正義を追求するにあたっての中庸は美徳ではない」は、ジャファの筆による(Buckley 1970: 214)。ジャファとその弟子たちはその後も、バックリー・ジュニアらと近い関係をかたちづくってきた。[1]

アカデミズムの世界でジャファは、師のシュトラウスの教えを継承しつつも、リンカンの偉大さを称揚する独自の政治哲学を自らの弟子たちに授けた。そのジャファは、シュトラウス学派の分裂、

保守主義が保守すべき原理をめぐる論争、キリスト教保守の台頭という、一九七〇年代から一九八〇年代にかけて生じた三つの出来事すべてに絡むミッシング・リンクのような存在である。本章は、このジャファという日本では無名であり続けている存在に焦点を当てる。

2　新しいニューライト／キリスト教保守の登場

ネオコン第一世代がニュークラスとその敵対文化との対決を決意して、ニューライトのもとへと半ば図らずも一九七〇年代に合流していった経緯は前章でみた。ただ、戦後アメリカの保守主義に生じた一九七〇年代の変化は、もちろんそれだけではない。

チェンバースが一九六一年に亡くなり、マイヤーもまた一九七二年にこの世を去った。それにくわえて、同じく『ナショナル・レヴュー』の主任編集人を長く務めたケンドールが心臓発作で急死したのは、イェール大学を去ってダラス大学に着任して数年後の一九六七年だった。バーナムはな

1　たとえば、一九八四年に刊行されたジャファの論文集にバックリー・ジュニアは序文を寄せており、ジャファの後継者の筆頭として『クレアモント・レヴュー・オブ・ブックス』の編集人をしているチャールズ・R・ケスラーとバックリー・ジュニアは、共編著を一九八八年に刊行している。こうした動きをめぐってペイリオコンのゴットフリードは、みずからの運動のテコ入れのためにバックリー・ジュニアがジャファたちを積極的に引き込んだと指摘している（Gottfried 2007: 20-21）。

お健在であったものの、健康上の理由により一九七八年に『ナショナル・レヴュー』の主任編集人を引退した(Hart 2005: 17)。

ケンドールにしてもマイヤーにしても志半ばでの死去だった。バックリー・ジュニアを中心に『ナショナル・レヴュー』は精力的に続いており、その意味でかれらの死は世代交代や大きな転換を必ずしも意味するものではなかったとはいえ、一九七〇年代はニューライトの主要人物たちが去っていったかわりに、次代のアメリカの右派をかたちづくる新しい活動家や知識人の登場をみた時期だった。前章でみたネオコン第一世代の合流も、まさにこの時期のことだった。[2]

右派の新しい活動家や知識人の登場をもたらした一九七〇年代以降の重要な出来事が、戦後における「新しいニューライト」、言い換えれば第二のニューライトの隆盛である。リチャード・ヴィガリー、ポール・ワイリック、ハワード・フィリプス、ジョン・〝テリー〟・ドランらが、新しいニューライトを代表する知識人として挙げられる(Edwards 1999: 184)。年長のフィリス・シュラフリーや、マイヤーと立場的に近く『ナショナル・レヴュー』の発行人を長く務めたウィリアム・A・ラッシャーも、おそらくはそのなかに含めることができる。かれらのなかにはすでに一九六四年のゴールドウォーター擁立の際に活動していた者も少なくない。

新しいニューライトは、別の言い方をすれば社会的保守と呼べる人びとだった。一九六〇年代後半から一九七〇年代のはじめにかけて、西ヨーロッパ各国と同様にアメリカにおいても、女性の解放、人種的あるいは性的マイノリティの解放、あるいはひろく一般に世俗化と伝統的価値の衰退が進んだ。この事態は一般に「寛容社会《パーミッシヴ・ソサエティ》」と呼ばれる。アメリカにおける新しいニューライトは、そのような社会の世俗化と伝統的価値の衰退に強い危機感を抱く人びとだった。たとえば危機は、合衆国において中絶の合法化をもたらしたロウ対ウェイド判決が一九七三年に連邦最高裁で出されたことに象徴的に見出された。この判決は、それを重く受けとめてリベラルなクリスチャンからキリスト教保守に転向する者がでるほど、強い衝撃をもたらすものだった。[3]

男女平等憲法修正条項（ＥＲＡ）の各州での批准阻止あるいは批准撤回もまた、保守にとっては一九七〇年代において重要な課題だった。シュラフリーが男女平等憲法修正条項に反対する団体として、イーグル・フォーラムを立ち上げたのは一九七二年だった。あるいはまた、公民権運動を契機に始まった人種統合をさらに推進するための、子どもたちの強制的バス通学は、南部だけでなく中西部や東部諸州でも開始され、一九七〇年代半ばには、たとえばボストンのようなリベラルであると一般にみなされる都市でも、強制的バス通学に反対する運動が生じた。

2　アラン・クロウフォードが指摘しているように、「新しいニューライト」たちは、ネオコン第一世代によるニュークラスについての分析を共有しつつ、従来のニューライトもネオコンも、どちらもエリート主義的であるとみなす傾向にあった（Crawford 1980: 169-176）。

3　具体的にはリチャード・ジョン・ニューハウスがそうである。ルター派の牧師だったニューハウスは、もともとはヴェトナム戦争反対の運動にくわわるようなリベラルな立場にいたが、ロウ対ウェイド判決以降に保守へと転向していった。その後、カトリシズムに転向するニューハウスが一九九〇年に創刊したエキュメニカルなキリスト教保守の雑誌が、本書でも言及している『ファースト・シングズ』である。

ワイリックが、ジェリー・ファルウェルとともにキリスト教保守の団体「モラル・マジョリティ」を立ち上げたのはそのような一九七〇年代の終わり、一九七九年だった。ジェリー・ファルウェルは『聞け、アメリカよ』を翌年の一九八〇年に著し、中絶、同性愛、ポルノグラフィ、神不在の哲学である人間主義、家族の解体を現在のアメリカが直面している国民的な罪として列挙した（Falwell 1980: 252-254）。

一九八〇年は、現職の大統領だったジミー・カーターを破り、共和党のロナルド・レーガンが大統領選挙で圧勝した年である。二期八年のレーガン政権、そしてそれに引き続くジョージ・H・W・ブッシュ政権の一九八〇年代は、たしかに戦後アメリカの運動としての保守主義がついに頂点にまで昇りつめた時期である。この一九八〇年代、米ソ間の一時的な緊張激化を経つつ、ソ連側のトップに改革を進めるゴルバチョフが就いたこともあり、後半には核兵器の削減交渉で劇的な歩み寄りがみられ、最終的には米ソ冷戦の終結がもたらされた。共産主義との戦いについに終止符が打たれた。

だが、その一方でアメリカ国内の寛容社会化と多文化状況は、一九八〇年代により一層進んだ。メキシコ系を中心とする多くの不法移民に恩赦を与えたのは、皮肉にもレーガン政権であり、一九六八年に暗殺されたマーティン・ルーサー・キングの誕生日を祝日に制定したのもレーガンだった。ゲイ解放の運動も一段と高まりをみせ、エイズ禍のなか、パートナーとの法的な関係を確認するケースが争われた。一九八九年にはニューヨーク州の最高裁が、ゲイカップルを家族として承認する最初の司法判断をくだした。

シュトラウスの弟子であり、師と同じくシカゴ大学で教鞭を執った政治哲学者のアラン・ブルームは、高等教育のなかにニヒリズムと相対主義がいきわたっている現状を批判的に描いた『アメリカン・マインドの終焉』を一九八七年に刊行したが、これが異例のベストセラーとなったのも、リベラルと保守とでこの本の受けとめ方はまったく異なっていたとはいえ、一九七〇年代に引き続いて既存の価値の相対化が一層進んだ一九八〇年代という時代状況を反映していたと言える。

こうした状況を振り返って、次章で触れるペイリオコンを代表する知識人のひとりであるサミュエル・T・フランシスはのちに二〇〇〇年代に、一九八〇年代以来ほとんどの保守は「連邦というリヴァイアサン」の規模を小さくすることも、「文化戦争」を勝ち抜くことも真剣に提案してこなかったと指摘した（Gemma 2006: 33-34）。戦後アメリカの運動としての保守主義が勝利したかにみえた時期、たしかに融合主義のかなめとも言えた反共主義は達成されつつあった。しかし、リバタリアニズムは言うに及ばず、伝統主義はそれまで以上に空洞化しつつあった。

3 アメリカ保守主義の基礎を求める論争の継続

一八九九年九月、プロシアのキルヒハインという小さな村にレオ・シュトラウスは生まれた。シュトラウスの両親は、それほど熱心ではなかったものの正統派のユダヤ教徒だった（Gottfried

2012: 11)。シュトラウスは地元の学校を経て、マールブルク大学への入学準備のために設立されたギムナジウムで学び、そこで新カント派のヘルマン・コーエンの薫陶を受けた。のちに若きシュトラウスは、コーエンのスピノザ批判にたいして批判的な応答をすることになる。[4]一九一七年から一九一八年までドイツ軍兵士として第一次世界大戦に従軍した後、シュトラウスはハンブルク大学に進み、エルンスト・カッシーラーのもと、フリードリヒ・ヤコービにかんする研究で学位を取得した(Gottfried 2012: 13)。

レオ・シュトラウス

その後、シュトラウスはフランツ・ローゼンツヴァイクがフランクフルトに創設した自由ユダヤ学院に参画するとともに、一九二〇年代には政治的シオニズムの学生運動にかかわった。一九三二年に、シュトラウスはロックフェラー奨学金を得て、所属していたベルリンのユダヤ教学高等学院を離れてパリに赴いた。パリではアレクサンドル・コジェーヴらと親交を結んだ。ナチスによる権力掌握が進むなか、シュトラウスはドイツに戻ることを断念し、イギリスにわたりケンブリッジ大学で教えたものの、常勤の職を得ることができず、一九三七年にさらにアメリカに渡った。

シュトラウスは若き日に抱いた政治的シオニズムを、のちにユダヤ人問題の解決策としては放棄したかもしれない(Tanguay 2007: 48)。だが、一七才の時に自覚されたシュトラウスのシオニズムへの関心は、ドイツを離れた後も長く持続したことは指摘されている（Muller 2010: 94）。一九五六年の秋、シュトラウスは『ナショナル・レヴュー』のケンドールのもとに書簡を送り、イスラエルのことを「人種差別的な国家」とほのめかした論考が掲載されたことを批判した。シュトラウスは冷戦下の当時、イスラエルがひとつの国家として、東側にある西側の前哨基地としては唯一のものであると述べたうえで、たとえそのなかの諸個人には誤りがあるとしても、イスラエルという国家の精神は、聖書の古代に近い英雄的な厳格さとして描くことができると書き記している。

一九四九年にシュトラウスは、ヘブライ大学のマルティン・ブーバーの後任の職をめぐるゲルショム・ショーレムからの打診を断わったものの、一九五四年から一九五五年にかけてヘブライ大学で客員教授として講義をうけもった（Muller 2010: 94）。そうしたイスラエル滞在の経験も踏まえつつ、シュトラウスは、ジェファソンがかつて用いた「自然な貴族制《ナチュラル・アリストクラシー》」という表現を用いて、イスラエルをつぎのように擁護した。[5]

この国は労働組合によって管理されているという議論をわたしは耳にします。労働組合がこの

4　シュトラウスによるコーエン批判の詳細は（佐藤 2015）で詳細に検討されている。

5　シュトラウスのこの書簡は、一九五七年一月五日発行の『ナショナル・レヴュー』に編集人への公式書簡として掲載された。本書では、この書簡が転載されているユダヤ系アメリカ人の団体、ティクヴァ基金のサイトを参照した。https://tikvahfund.org/library/the-state-of-israel/（最終閲覧日二〇二〇年一〇月三日）

国を動かしていると言うのは、とんでもない誇張だと思います。しかしたとえそれが真実であったとしても、保守とは、同じ配置が異なる状況ではきわめて異なる意味を持つかもしれないことを知っている者だと思います。現在イスラエルを統治しているのは、今世紀の初めにロシアから来た人たちです。かれらは労働組合員というよりも、開拓者と表現するほうがずっと適切です。かれらは絶望的に困難な状況の下で、イスラエルの基礎を築いた人たちでした。アメリカ人たちがピルグリム・ファーザーズたちを尊敬するのと同じ理由で、かれらは教条主義的でないあらゆる者たちから、この国の自然な貴族制として尊敬されています。かれらは、ニコライ二世とラスプーチンの国であるロシアから来ました。したがって、保守主義の裏返しにすぎない真の自由主義や、立憲的な生活を経験することがまったくそれまでありませんでした。だからこそ、かれらが模範的な司法をともなった立憲民主主義を創設したことは、より称賛に値します。

シュトラウスによれば、政治的シオニズムとは、自分たちの遺産を覚えており、自分たちの運命に忠実な者たちだけが持ちうる、内面の自由、言い換えれば端的な尊厳を回復しようとする試みだった。政治的シオニズムがいくつかの明白な問題点をもっているとしても、あらゆるものが解体されてしまう時代にあって、ひとつの道徳的な力を成し遂げたことを自分は忘れることができないとシュトラウスは書簡の末尾で書き記した。シュトラウスは、この書簡のなかで、シオニズム運動の創設者であるテオドール・ヘルツルを根本的に保守的な人物であると評している。シュトラウスにとって政治的シオニズムは、崇敬に値する古典古代のさまざまな特異性が「進歩」によって平準化される潮流を食いとめるものであり、その意味において「保守的な作用」を果たすものだった。

一九七三年一〇月、シュトラウスがこの世を去った。このシュトラウスの死は、今日から振り返るなら、あるひとりの政治哲学者の死を超えて、一九七〇年代に起きた重要な出来事と言えるものだった。エリック・フェーゲリンにしてもハンナ・アーレントにしても、その個人単体としてアメリカに亡命して活躍した政治哲学者は他にも挙げられる。ただ、シュトラウスの場合、シカゴ大学において多くの弟子たちを育てただけでなく、その弟子がさらに弟子を育て、狭義のアカデミズムを超えて、シュトラウス学派ないしはシュトラウシアンと呼ばれる人びとの影響力は、二〇〇〇年代のイラク侵攻の際にひろく取り沙汰されたように、無視できないほどになっていった。

そうしたなか、シュトラウスの死後、有力な弟子たちのなかで、師の考えの継承をめぐって徐々に見解の相違が拡大することになり、ついには今日、東海岸シュトラウス学派と西海岸シュトラウス学派というふたつの大きな潮流に分岐するに至っている。[6] つまりシュトラウスの死は、今日にまで影響を与えるシュトラウス学派の分裂の始まりをもたらしたという意味で、まさしく一九七〇年代の出来事だった。

冒頭で述べたように、西海岸シュトラウス学派を創設したのがジャファである。ジャファは一九七〇年代、ジョン・ロックの教えに基づいて独立宣言のなかに書き込まれた「人間は平等に創造されている」という命題こそ、保守すべきアメリカの原理であると主張して、競合する論者たちと論争を繰り広げた。新しいニューライトの登場に比べれば、一般には目立たないことではあったものの、一九七六年の建国二〇〇周年という歴史的節目をはさみつつ、戦後アメリカの保守主義が保守すべき原理とは何かについて議論が交わされていたのが、一九七〇年代から一九八〇年代にかけてだった。

第2章で見たようにマイヤーは、みずからの融合主義は建国の父祖たちの思想を体現したものであると主張した。「原理の保守主義」を掲げたそのマイヤーの融合主義は、運動としての保守主義の結集と排除の基準としては有効に機能していった。しかし建国あるいはそれ以前にまで遡りうる、保守すべきアメリカの原理とはそもそもなにかをめぐっては、思想的に合意が確立されることはなかった。融合主義が確立された後も、アメリカ保守主義の基礎を求める論争は終わっていなかった。否、むしろいよいよ激しくなっていったというのが正確だった。

アメリカ保守主義の基礎を求めて断続的に生じた論争は、ジャファにくわえて、マイヤーやケンドールらを巻き込んでおこなわれた。ジャファと同じくシュトラウスの弟子だった、マーティン・ダイアモンドやウォルター・バーンズとジャファとのあいだでも同様に交わされていった。そうした一連の論争によってコンセンサスが確立されることはなく、ジャファが勝利をおさめたわけでもなかった。ただ、しばしば積極的に論争をつくりだしていったジャファは、それらの論争をつうじて、また別様の新しい保守主義の潮流を形成していった。その新しい保守主義は、独立した潮流として脚光を浴びることは長らくなかったものの、その潮流、西海岸シュトラウス学派は、トランプの政治的な登場とともに一気に保守主義の表舞台を席巻していくことになる。

一九八〇年代に入ると、ジャファの言う新しい保守主義は、明確な主張を帯びていくようになった。この時期に明らかになっていったジャファのもうひとつの顔とは、新しいニューライトと同様に社会的保守としてのそれだった。具体的にはジャファは、反同性愛の旗印を明確に掲げることで、「モラル・マジョリティ」のようなキリスト教保守を強力に援護する議論を展開していった。ジャファの立場が明瞭に示されたのは、ブルームの『アメリカン・マインドの終焉』の書評をつうじてだった。アメリカの高等教育にみられる相対主義を批判したブルームにたいして、ジャファは人間の自然に反するとみずからが考える同性愛にたいしてブルームが沈黙していることを痛烈に批判した。これは同時に、シュトラウス学派の分裂の始まりを告げる批判でもあった。

6　キャサリン・ヅッカートとマイケル・ヅッカートにしたがえば、東海岸シュトラウス学派の代表的人物はアラン・ブルームであり、それにくわえてトマス・パングル、ハーヴェイ・マンスフィールドらが挙げられる。ヅッカートたちは、中西部シュトラウス学派という区分も提案しており、このグループにあてはまるのは、マーティン・ダイアモンド、後期のウォルター・バーンズ、ジョゼフ・クロプシィ、ラルフ・ラーナーである（Zuckert 2006: 252）。ただし、シュトラウスのロック解釈を継承するのか否かという一点に絞るなら、東海岸シュトラウス学派と西海岸シュトラウス学派のふたつに収斂すると言えるかもしれない。

4 シュトラウスとリンカンの隠れたつながり

シュトラウスは一九四九年一〇月、シカゴ大学でおこなった六回の講義、ウォルグリーンズ講義をもとに一九五三年にシカゴ大学出版局から『自然権と歴史』を刊行した。『自然権と歴史』は、古典古代になされていた自然的正／自然権の追求が、相対主義と歴史主義によっていかにその本来の高みから引き下げられるかたちで近代に変容していったのかを描いたものと言える。その意味でこの書物の本体は、戦後アメリカの保守主義をはるかに超える射程を収めたものである。

ただし、この書物はそれでもなお、驚くほどアメリカを意識して書かれてもいた。シュトラウスは序論の冒頭で、独立宣言からつぎの一節を引用している。「万人は平等に創造されていること、創造主によって、生命、自由および幸福の追求を含む、奪うことのできない権利を付与されていることを、われわれは自明の真理とみなす」(Strauss 1953=2013: 13)。シュトラウスはそう引用したうえで「この命題に献身したアメリカ国民は今や、疑いなく一つにはこの献身の結果として、地上の諸国民のうちで最も強大かつ繁栄をきわめた国民となっている」と記している。近代において失われた自然的正の追求は、しかしながらアメリカでは例外的に、独立宣言のなかに書き込まれたと言っているかのようである。『自然権と歴史』が、このように独立宣言の一節に言及することから始められていることの意味を、真剣に検討する者は少ない。

シュトラウスは「ところで成人に達したこの国民は、かつて自らをはぐくみ育てたあの信念を、今もなお心に抱いているだろうか」と読者に問いかける。シュトラウスによれば、かつてアメリカ人はドイツ思想に対抗してこの一節に象徴される自然権の自明性を主張していたものの、現在のアメリカの社会科学は「それがローマ・カトリック系の社会科学でもない限り」それを否定するようになってしまった（Strauss 1953=2013: 14-15）。アメリカは、歴史主義の後継者である実証主義に基づく学問の隆盛のなか、自らの高みを忘却してしまっているということである。

『自然権と歴史』のもとになった講義の初回は、序論の書き出しとはまったく異なっており、独立宣言からの引用は当初はなかったという。ということは一九五三年に著作として仕上がるまでにこの引用は追加されることになったということだが、独立宣言にこめられた自然権にシュトラウスが言及するきっかけをつくった者こそ、自分であると主張したのがジャファだった。多くの弟子たちを育てたシュトラウスに影響を与えた――それは、シュトラウスを導いたのは自分であるとすら聞こえる――と公言するジャファは、他の弟子たちとは異なる強烈な自負心に彩られた人物である。

ジャファは、第一次世界大戦終結直前の一九一八年一〇月、ニューヨーク市のユダヤ人家庭に生まれた。ジャファはイェール大学で英文学を学んだ後、政治学に専攻を変えて一九三九年から一九四〇年にかけてイェール大学に引き続き大学院生として在籍した。だが、無味乾燥な講義に嫌気がさし、連邦政府職員になることを志望することに転換してわずか一年で退学した（Hayward 2017: 59-60）。

ジャファはその後、採用試験の準備のためにニューヨーク市のニュースクール・フォー・ソーシャルリサーチに在籍し、そこでワイマール下のドイツで政府高官を務め、アメリカに亡命していたアーノルド・ブレヒトの行政学の講義を受け、実質的には政治理論であるその講義内容に興味を引かれた。ジャファは一九四一年に採用試験に合格し、三年ほどをワシントンDCで過ごした。だが、博士号を取得すべく、ニュースクール・フォー・ソーシャルリサーチに戻った。一九四四年のことだった。そこで何の先入見もなく出会ったのがシュトラウスだった。当時のシュトラウスは、すでにいくつもの著作があったとはいえ、まだ今日ほどの名声を得てはいなかった。ジャファはシュトラウスの最初期の学生のひとりとなった（Hayward 2017: 61）。それから五年後の一九四九年、シュトラウスは、シカゴ大学から声がかかり、ニューヨークからシカゴへ移った。その際にシュトラウスは、ジャファもシカゴでポストを得られるようにとりはからい、かれをシカゴに同行させた。それはジャファにとって、その後のキャリアが開かれるまたとないチャンスとなった。ジャファは、師の『自然権と歴史』刊行の前年にあたる一九五二年には、最初の著作である『トマス主義とアリストテレス主義』をシカゴ大学出版局から刊行した。

ジャファの学生時代のエピソードとして興味深いのは、第2章で触れたマイヤーの旧友である、ユージーン・オニール・ジュニアの古典講読の授業にジャファはイェールの学部時代に参加していたということである。

ジャファがシュトラウスのもとで学ぶようになったあと、オニール・ジュニアがある雑誌にプラトンの『国家』を批判する書評を書いた際、ジャファはオニール・ジュニアに手紙を書いたという。

シュトラウスのもとで『国家』を読んでいたジャファは、対話篇の目的のひとつは、望ましいものと可能なものとの違いを教えることであり、思考と活動とのあいだには距離があることを理解することによって、活動における節度の重要性を教えることであることをシュトラウスから学んでいた。それとともに、思考の完全性は活動の完全性に依拠するものではなく、「ある意味で、そしてもっとも重要な意味で、最善の国制にかんする対話こそが、最善の国制である」(Jaffa 2012: 6) ことをシュトラウスから学んでいた。

オニール・ジュニアから返信はなかった。一九四九年のはじめ、ジャファがシカゴでの職が決まったあと、ニュースクールでたまたまジャファはオニール・ジュニアと再会した。オニール・ジュニアは旧友のようにジャファに接した。ジャファが、返信がなかった理由をたずねると、オニール・ジュニアは返答が自分には思いつかなかったと答えたという。オニール・ジュニアが自死を遂げたのは、それから遠くない時期だった。ジャファは、もしもオニール・ジュニアがシュトラウスのセミナーにひとつでも参加していたなら、かれは古典のなかに生きる理由を見出しただろうと回想している (Jaffa 2012: 6)。

そのジャファの名声を確立したのが、一九五九年に出版された『分かたれたる家の危機――リンカン＝ダグラス論争における諸争点の解釈』である。アメリカの独立後、西部への領土拡大が進むと、奴隷制を認める奴隷州とそれを認めない自由州のどちらの州として新しい州を昇格させるのかという課題が、一九世紀のアメリカを二分する大きな政治課題になっていった。一八二〇年のミズーリ協定は、この課題を境界線の策定によって解決しようというものだったが、さらなる西部への拡張のなか、州に昇格する準州の住民たちが投票によって自分たちの州を奴隷州とするか自由州とするかを決めるカンザス・ネブラスカ法が一八五四年に制定されることによって、カンザスでは両陣営の開拓民たちによる流血の事態が発生した。

奴隷制の賛否をめぐってアメリカが分裂の様相を深めていくなか、一八五八年、イリノイ州議会での連邦上院議員の指名を争って（その当時、上院議員は普通選挙で選ばれてはいなかった）、民主党の有力政治家でありカンザス・ネブラスカ法の起草者だったスティーヴン・ダグラスと、一八五四年に結党されたばかりの共和党から立った、連邦下院議員を過去に一期務めたのみのリンカンが、イリノイ州内の各地で遊説して討論をおこなった。この一連の討論は今日、リンカン＝ダグラス論争と言われるものであり、主な論争点は奴隷制だった。

ダグラスは、カンザス・ネブラスカ法の規定と同様に、人民主権に基づいて、あるひとつの州で奴隷制を認めるか否かはそこに住む人びとが決定すべきという立場を堅持した。それにたいしてリンカンは、「万人は平等に創造されている」という独立宣言の言葉に基づいて、奴隷制をめぐって賛否の余地は存在しないと主張した。人びと《ピープル》が熟慮のうえで同意すること、つまり独立宣言のなかの言葉である「被治者の同意」のなかに本来的なアメリカらしさがあるのか、それとも同じく独立宣言の言葉である「万人は平等に創造されている」こそがアメリカの原点なのか、というダグラスとリンカンが体現した対立構図は、奴隷解放から一〇〇年以上が経過した後も、戦後アメリカの保守の知識人たちのあいだで繰り返されていった。

第一六代大統領となったリンカンは、南北戦争の最中に奴隷解放宣言をおこなったことで、アメリカ史のなかで特別な存在となった一方、リンカンの奴隷解放は南北戦争を北部にとって有利に進めるための戦略的な方便にすぎず、リンカン自身、奴隷制廃止論者でないどころか白人至上主義者ですらあったという主張は、南部の失われた大義に共鳴する人びとや、ペイリオコンに連なる者たちから今日でも根強くなされる。ジャファは『分かたれたる家の危機』で、そうした議論に真っ向から反対した。

ジャファ自身も引用して読者に注意を促す箇所であるが、ダグラスとの遊説のなかで、リンカンは一八五八年七月一〇日にシカゴで、聴衆にたいして演説の後半でこう語りかけている。

> 神の忠告のひとつのなかで「天の父が完全であるように、汝もまた完全であれ〔マタイの福音書〕」ということが言われます。私が思うに、救世主は被造物である人間は天の父のように完全になることはできないと考えていたのに「天の父が完全であるように、汝もまた完全であれ」と言ったのです。救世主はこれをひとつの基準として設定し、それによってこの基準に限りなく到達しようとしたかれは、最高次の道徳的完全性に到達したのです。それゆえに、万人は平等に創造されているという原理と結びつけつつ、自分たちもできるかぎりそれに近づこう。そう私は言っているのです（Angle 1991: 42)。

ジャファによれば、万人は平等に創造されているという原理のもとでそれに限りなく近づいていくことを訴えるこのリンカンの言葉は「どこにおいても本性からして最善である唯一の統治の形態がある」というアリストテレスの教えに合致するという（Jaffa 2012: 18）。実際には最善の統治形態はどこにもありえず、いかなる所与の時代のいかなる場所でも不可能であるかもしれない。しかし、それはひとつの基準として、政治的な取り組みや法律をより善いものにしていくことに向かわせるかもしれない。

その一方で、最善の統治形態へは到達不可能であるかもしれないにもかかわらず、あたかもその到達が容易く可能であるかのように夢想し、あるいはそのように装うことのなかには僭主政治の危険性が胚胎する。それはまさにローマのカエサルがもたらした危険である。民衆を外国の征服やパンとサーカスへと導き、情念を解放させることで、カエサルは共和国を堕落させ、自己統治を破壊した。それにたいして、他者があがなったパンを食べてはならないことを民衆に教える者たちは、ずっと困難な課題に立ち向かうことになる。ジャファによれば、リンカンが体現したそうした者たちこそが真の主人であり、そうした者たちこそ、民衆の自分自身による情念の抑制、つまり民衆の「高貴な奴隷化」を達成することができる（Jaffa 1959/2009: 225）。

ふたたび『自然権と歴史』に戻れば、ジャファは、シュトラウスが独立宣言の一節を引用しているだけでなく、「この命題に献身した」ないしは「この献身の結果として」と繰り返されている

「献身」という言葉が、リンカンのゲティスバーグ演説から直接とられているものであると指摘している（Jaffa 1959/2009: vi-vii）。もしもジャファの指摘が正しいとすれば、シュトラウスは独立宣言だけでなくリンカンをも念頭に置いて『自然権と歴史』を書き始めているということである。すなわち、古典古代への回帰を勧めるシュトラウスの教えは、ジャファによればリンカンへの回帰を勧めるものでもあり、西洋の危機はアメリカの危機であるとともに、相対主義とニヒリズムに陥った西洋の危機を救う道は、アメリカの危機を救うことによって到達できるということである。

5 リンカンは保守のヒーローか

ジャファにとってリンカンはヒーローである。しかし戦後アメリカの保守の知識人たちが皆、リンカンを肯定的に評価してきたわけではなく、リンカンを否定的に捉えてきた者は少なくない。戦後アメリカの保守においてリンカンを否定する代表者は、第2章に登場したマイヤーである。マイヤーにとってみれば、リンカンはリヴァイアサンとしての国家の肥大化を後押しした悪しき政治家であり到底評価できない存在だった。

マイヤーにとって合衆国憲法の要諦は、人格の自由の不可侵性を擁護するかれの融合主義から導かれるように、「チェック・アンド・バランス」、すなわち権力間の緊張関係をつくりだすことで、人間を圧する絶対的権力がどこにも存在しないようにすることだった。アメリカにおけるその緊張関係の核心にあるのが、各州と連邦政府との関係だった（Meyer 1969e: 471）。

南北戦争勃発直前、この緊張関係が破壊される危険が生じた状況で、大統領のリンカンだけがそれを回復させる権力を有していた。だが、リンカンは集権的権力を固めて、州の自律性を無価値なものにする方向にあらゆる場面で進んだというのが、マイヤーの評価だった。しかもリンカンは、「いかなるコストを払っても」勝利すべく戦争を遂行した。そのような総力戦のもとで、中央政府の完全な勝利の達成という目的だけが追い求められ、他の道徳的目的は否定されてしまった。マイヤーのみるところ、その結果としてもたらされたのは、「諸州の自律性の恒常的な破壊」にほかならなかった（Meyer 1969e: 472）。

マイヤーがこのリンカン論を『ナショナル・レヴュー』に掲載したのは、ジョンソン大統領が投票権法に署名した直後（署名は八月六日）の一九六五年八月である。マイヤーのリンカン批判の根底にあるのは、リベラリズムの影響力と連邦政府の権限のとめどない拡大をもたらした歴史的起源は、連邦政府の強大化への扉を開いたリンカンにあるという判断だった。マイヤーは、もしもリンカンがあのようなかたちで合衆国憲法を変質させなければ、フランクリン・ローズヴェルトが革命、つまりニューディールを実行することはもっと困難になっただろうし、強制力をもった福祉国家が姿をあらわすこともずっと困難になっただろうと指摘している。マイヤーは「リンカンは、憲法上の自由の安全装置を掘り崩し、集権的な政府とそれに付随するあらゆる政治的悪への道を開いた」（Meyer 1969e: 472）と総括した。

このようなマイヤーのリンカン批判に『ナショナル・レヴュー』誌上で反論したのがジャファだった。マイヤーは奴隷制というきわめて重要な主題に言及することなく、リンカンと南北戦争について批判的な論考を書くという過ちをおかしている。ジャファはそう激しく批判した（Jaffa 1975/2000: 253）。

ジャファはマイヤーとは異なり、強力な中央政府が存在することそれ自体を否定しない。むしろジャファによれば、強力な中央政府にたいする敵意の源はアメリカ史のなかで、そのような政府はいつか奴隷たちを解放する権力ないしは意志をもつかもしれないという恐怖と結びついてきたのだと指摘する。そのうえでジャファは、権力間の緊張関係こそが合衆国憲法の要諦であることを主張するマイヤーは、奴隷制を必要悪ではなく積極的な善として位置づけた南部の政治家、ジョン・C・カルフーンの系譜に連なっていると批判している（Jaffa 1975/2000: 255）。思想的な敵対者や競合する者を、奴隷制を擁護した南部の政治家や知識人と同列視するのは、ジャファのお気に入りのやり方だった。

ジャファにとって合衆国憲法の要諦は「万人は平等に創造されている」という独立宣言にこめられた命題との関係にこそあり、リンカンの偉大さとは、この命題と自由な民衆の政府との結びつきを見抜き、それをあらためて人びとに明敏に示した点にあった（Jaffa 1975/2000: 255）。

ジャファは、同じ保守であるマイヤーへの批判から今度は、より本質的な敵であるリベラルに批判の軸足を移したうえで、師のシュトラウスによる実証主義批判を引き継ぎつつ、リンカンの偉大さをつぎのようにまとめた。

今日、自称リベラルたちに特徴的な実証主義ないしは相対主義は、「人間は自足している」という観念に行きつき、人間による政府に指示を与えるような、人間の意志の外にある何らの目的も見出さない。ここから生じるのは、道徳は意見によって支配されるべきであり、意見は道徳によって支配されるべきではないということである。(…) このような寄る辺のない、ポピュリズムの類の、一見して自由に見える政府に抗して、リンカンはわれわれの伝統の偉大な預言者だった。(…) 誰でもなくかれこそが、正しい政府は道徳的目的によって御されるべきこと、頭数を数えても間違っていることを正しいことには変えられないとはっきり述べたのである (Jaffa 1975/2000: 257)。

ジャファはのちに一九八〇年に、あるインタビューのなかで、前年に活動を開始していたモラル・マジョリティを肯定的に評価しつつ、この団体がシングルイシューの集団であることをやめて、共和党と一体化することを期待する発言をしていた。ジャファは、「責任ある政党制」という考えをモラル・マジョリティが受け入れることを望んでいたが、その理由としてジャファが挙げていたのは、政府の基盤としてあるべき政党制の継続的な衰退が、今日のアメリカ政治の大きな欠点であるということだった (Jaffa 1984/2002: 56)。

転向知識人のマイヤーとは異なり、党にたいするアレルギーはジャファには無縁なものだった。ニュークラスの台頭による政党の変容を考察したカークパトリックらとの同じ問題意識が垣間見られるものの、ジャファには、正しい道徳目的の支配のための強い政党の復権という踏み込んだ課題が明瞭に意識されていた。

6 思想的な南北戦争と「新しい保守主義」

建国の父祖たちが十分に成し遂げることのできなかった「万人は平等に創造されている」という命題を復権させたリンカンが、アリストテレスの教えを引き継ぐ存在であるならば、シュトラウスの説く古典古代への回帰は、アメリカへの回帰によってこそ可能になる。ジャファにしたがえばそう言えるだろう。リンカンのアメリカを保守することは、西洋が陥っている危機を救うことに直結する。

しかしジャファにはひとつ大きな課題があった。「万人は平等に創造されている」というジェファソンによる独立宣言の文言は、ジョン・ロックに由来するものである。そのロックはシュトラウスにとって、ホッブズを批判して自然法を擁護した人物ではなく、ホッブズ以上に近代の政治哲学を政治的快楽主義の方向へと推し進めた張本人だった。ケンドールの率直な物言いを援用すれば、ロックは「悪い奴」だったはずである。「万人は平等に創造されている」という原理を評価することは、ロックをどう評価するのかと切り離すことができないにもかかわらず、師であるシュトラウスを誰よりも継承していると証し立てたいジャファの前に、師の否定的なロック解釈が立ちふさがる。

ジャファもまた『分かたれたる家の危機』のなかで、ロック的な独立宣言の解釈に立てば、市民社会とは万人の平等が存在している自然状態から離れていく動きにかたちづくられるのにたいして、リンカンの解釈によれば、市民社会は万人の平等が存在する条件へと向かっていく動きによってかたちづくられると指摘することで、ロックを否定するとまでは言わないものの、リンカンとの比較のなかでロックならびにジェファソンたちを過小評価する構図を当初は描いていた（Jaffa 1959/2009: 321）。独立宣言は抑圧を取り除くという消極的なものである一方、リンカンの描く正しい政府は、正義の達成という積極的なものであるとジャファには当初思われた。

ただし、リンカンの偉大さを強調する一方で建国の父祖たちの「不完全さ」を指摘することは、建国に遡ってアメリカの保守の原理を別のかたちで見出そうとする戦後保守のライバルたちの主張に比べて、ジャファの保守主義の主張の射程を短いものにしてしまう恐れが生じる。それゆえにシュトラウスのロック理解と、リンカンのみならず建国にまで遡って「万人は平等に創造されている」という原理を擁護するという自らの使命とのあいだでどのような立場を確立するのかという点で、ジャファの模索は続いた。たとえば一九七五年に刊行された論文集『自由の諸条件』に収められたシュトラウス追悼の文章のなかでは、ジャファはアメリカの建国の原理的源泉としてロックやフェデラリスト以外のものを読み込むことで整合性をつくりだそうと、つぎのように主張していた。

しかしアメリカの体制はロックのみによって形成されたのではない。多くのフロンティアの丸太小屋には哲学書などなく、そこにあったのは欽定訳聖書と、シェイクスピアだった。そしてシェイクスピアこそ、アングロ・アメリカ世界の内部にあって、西洋文明の本質的にソクラテス的な理解を伝達するための偉大なる媒介だった（Jaffa 1975/2000: 7）。

ジャファによるシェイクスピアへの傾倒は、一九六四年にブルームとの共著として刊行された『シェイクスピアの政治学』（Bloom 1964=2005）に結実していたひとつの方向であったし、アングロ・アメリカ世界という英米の連続性という視座は、リンカンにならぶ指導的政治家としてのウィンストン・チャーチルにたいするジャファの高い評価へとつながっていった。だが、一九七三年のシュトラウスの死後、ジャファは次第に、師のロック解釈から自由になる道を選んでいくようになる。具体的には、シュトラウスが理解したロックと、建国の父祖たちが理解したロックとは異なるのだという見解を採るようになっていった。それはシュトラウスのロック解釈を否定せずに、ロックを救出する論理だった。

ロックをめぐるジャファの転回は、アメリカ建国二〇〇周年という節目の時期にさしかかってい
た一九七〇年代の当時にあって、アメリカ建国の解釈をめぐる他の保守主義の知識人たちとの論争

のなかで生じていった。具体的には、独立宣言にこめられた平等とそれを復権させようとしたリンカンを批判するケンドールや、後述するM・E・ブラッドフォードへの反論を試みていくなかで、ジャファのなかでロックの意味は大きく変化を遂げることになった。

ケンドールは一九七〇年代を見ずにこの世を去ったものの、建国二〇〇周年を前にして遺言的な著作を遺していた。ジョージ・W・ケアリーとの共著のかたちでケンドールの死後に出版されたその遺著『アメリカの政治的伝統の基本的象徴』(一九七〇年)のなかでケンドールが試みたのは、アメリカにおける政治的伝統とは何か、その伝統から逸脱しているものは何かをあらためてこの時期に明らかにすることだった。ケンドールはその際、シュトラウスと同様にアメリカに亡命し、ルイジアナ州立大学で政治哲学の著作を多く著したフェーゲリンの政治哲学をめぐる理解に依拠した。

フェーゲリンによる政治的伝統とは、ある一群の人びとが自分たちの始まりと終わり/目的までを自己解釈する方法であり、そのために人びとが生み出してきたものが、象徴や神話だった(Kendall and Carey 1970/1995=1982: 41)。それでは、アメリカ人が自分たちの始まりと目的を自己解釈するときに参照する政治的伝統とは何か。ケンドールは、メイフラワー誓約にまで遡ってその原初の形態を見出すことのできる、神のもとでの有徳な人びとの熟慮、言い換えれば「有徳な人びとの熟議に基づく判断による支配」(Kendall and Carey 1970/1995=1982: 154)こそが、アメリカの政治的伝統であるとみなした。まさにこうした熟慮のなかにケンドールは、リベラリズムによる急進的な改革にブレーキをかけ、それを漸進的なものにするアメリカ民衆のポピュリズム的保守の強さを見出そうとした。リンカン＝ダグラス論争を念頭に置けば、ケンドールは人びとが決めるべきであることを求めたダグラスの側に立った。

他方でケンドールは、「万人は平等に創造されている」ことが謳われた独立宣言の文言が、合衆国憲法や権利章典のなかから、とくに憲法の前文からまったく姿を消すことを重要な根拠として、独立宣言と合衆国憲法の連続性を強調する立場に異論を示した（Kendall and Carey 1970/1995=1982: 30-31, 150-151）[7]。ケンドールによれば、独立宣言の書かれた目的は、この宣言をもって道徳的にも法的にもアメリカの植民地を英国に結びつけてきた紐帯を断ち切ることにあったという基本的事実を忘れてはならないのであり、そもそもジョージ三世を僭主として植民地が非難した理由の中心をなしたのは、植民地人の熟慮の機会や自治を君主が侵害した点にあった。それゆえに、リンカンによって試みられた「万人は平等に創造されている」の過度の強調を、ケンドールはむしろアメリカの政治的伝統からの逸脱を開始するものとして解釈した。「万人は平等に創造されている」という文言を復権させようとしたリンカンは、アメリカの本来的な政治的伝統ではない平等主義への逸脱を生じさせたのであり、ケンドール自身の表現を用いれば、一九世紀末から二〇世紀初頭にかけての革新主義を生じさせる土台となる平等主義への「脱線」をもたらしたのである（Kendall and Carey

7　独立宣言と合衆国憲法とのあいだの連続性を重視しないという立場は、ジャファと同じくシュトラウスの教えをアメリカ研究に適用した、マーティン・ダイアモンドによっても唱えられていた。「独立宣言は、民主的な政府を構成したり保持したりするための導きをなんら与えない」とダイアモンドは指摘している（Diamond 1981: 5）。

1970/1995=1982: 197-198)。

ケンドールを引き継いで非連続性テーゼをもってジャファを批判したのは、「ペイリオコン」と呼ばれる一群の保守たちのなかで先輩格にあたるブラッドフォードだった。ブラッドフォードはテキサスの生まれで、テネシー州の州都ナッシュヴィルにあるヴァンダービルト大学で博士号を取得し、ダラス大学で長く教鞭を執った。ブラッドフォードは、南北戦争に敗北した南部の大義を継承した思想家たちから強く影響を受けた知識人である。レーガン政権の際の、ブラッドフォードの人事をめぐるネオコンとペイリオコンの確執については次章で触れる。

ブラッドフォードは、ジャファの保守主義は「北軍旗の陰に隠れたオールド・リベラリズム」(Bradford 1979/2014: 31) と言うべきものであり、保守とは言えない誤ったジレンマを設定していると主張した。すなわち、われわれは平等という理念に与するか、そうでなければ相対主義と歴史主義にさらされてしまうという二者択一である。こうしたあまりにも合理主義的にすぎる二者択一の背景には、保守にとって必要な、カークが言うところのバーク的な賢慮、ブラッドフォード自身の言い方に即せば「バーク的算術」にたいする理解の欠如がある。ブラッドフォードはこのように、ジャファの保守性それ自体をそもそも疑問視した。

ジャファのなかに見られる、保守とは言いがたい白黒をはっきりさせようという傾向は、ブラッドフォードのみるところジャファのヒーローであるリンカンにも見出せるものだった。ブラッドフォードは、奴隷制をめぐって賛否の余地は存在しないという立場をとるリンカンのなかに世界を善と悪ふたつの陣営の戦いとみなす「政治的グノーシス主義」を見出すとともに、リンカンがおこなった「分かたれたる家」の演説をピューリタン的宣戦布告であるとさえ捉えた (Bradford 1979/2014: 44-45)。

ブラッドフォードによれば、ジャファはさらに、レトリックを含んだ文書――この場合は独立宣言――を、あたかも啓示された真理の欠片や体系的な思想の表明であるかのように読むという誤りをおかしている (Bradford 1979/2014: 32-33)。実際には、一七世紀から一八世紀にかけての英国の文書や考え方に通じている者であれば誰でも知っているように、独立宣言は明らかに、先人の慣習から生み出された文書であって体系的な真理ではない、つまり独立宣言はまったく革命的なものではないというのが、ブラッドフォードの批判だった。

歴史的文脈に沿えば、「われわれは自明の真理としてみなす」と言う際の「われわれ」とは、それぞれ独自の各植民地の市民であるところの植民地人たちを意味する。それゆえに、「われわれ」に続く「万人」は、かれらが服しているいかなる政府からも、集団的拘束、殺戮、組織的没収からの自由を期待できる権利を有しているという意味で平等に創造されている。「各植民地」は、今後は英国から分かれて存在することを余儀なくされるものの、「英国」と同様に自由であるという点で平等である。独立宣言にこめられているのは、以上のことであるというのがブラッドフォードの見解だった (Bradford 1979/2014: 40)。

ブラッドフォードの考察は、実際にケンドールの主張を引用して踏まえている点からも明らかなように、ブラッドフォードとケンドールの議論は独立宣言の歴史的理解という点で一致をみていた。かれらは、独立宣言の書かれた歴史的文脈を思い出すことを求めることで、「万人は平等に創造されている」という文言を哲学的に過剰に取り出し、アメリカの特異な出発点とすることを戒めようとした。

それにたいしてジャファは、『アメリカ革命についてどう考えるべきか』（一九七八年）に収められた論考のなかで、ブラッドフォードとケンドールの解釈を批判し、独立宣言のなかにこめられた自然権、ならびに独立宣言と憲法との原理的一体性をあくまでも擁護した。ジャファにしたがえば、もしもケンドールが主張するように熟慮に基づく被治者の同意を究極的な原理としてしまうなら、かつてアメリカの南部で政治的共同体内の議論を経て奴隷制が肯定されたように、デマゴーグが人びとにたいして同意するように説得に成功したものが「権利」になることをとめることはできなくなってしまう（Jaffa 1978/2001: 41）。仮にそうなれば、有徳な人びとが神のもとで熟慮するというケンドールの描く象徴的光景は、悪徳の隠れ蓑にすぎなくなるだろう。それゆえにジャファは、平等ではなく人びとのあいだでの熟慮のうえでの同意のなかにアメリカの政治的伝統を見出そうとするケンドール（とケアリー）にたいする反論を、ロックと建国の父祖たちの名においてこのようにおこなった。

ケンドールとケアリーはあたかも同意が究極的で、他の何かから由来したのではない原理であるかのように扱っている。しかしそれは、ロックと父祖たちがそれを扱った仕方ではない。ロックと父祖たちは、それを人間の自然な自由と平等に由来させた。同意を生じさせるのみならず、同意に積極的な意味内容を与えるものこそ、平等（Equality）の認識なのである（Jaffa 1978/2001: 40）。

ジャファは、ジェファソンとマディソンが「普遍的で、自然で、平等な人間の諸権利の古典的な源泉」であるとみなした『統治二論』のロックをケンドールに差し向けた（Jaffa 1984/2002: 199）。[8] その際、ジャファがケンドール批判の根拠として依拠したのは、ロックの『統治二論』における自然状態をめぐる議論であった。ロックの自然状態、ならびにそれを受け入れた建国の父祖たちは今や消極的なものではなく、積極的なものとしてジャファによって位置づけられているのがここからわかる。

ブラッドフォードの批判にたいしても、ジャファの反論は妥協の余地のないものだった。ジャ

8　ジャファは「ケンドールは南部連合の忠実な息子だった」と指摘したうえで、同意にたいするケンドールのこだわりの背後には、奴隷制擁護にたいする強い心情的共感があると批判的に推測している。ジャファにしたがえば、奴隷制を有する共同体こそが、最善のアメリカの民衆であるという確信をケンドールは抱いていたということになる。このように推測を重ねたうえで、そうしたアメリカの保守主義はアメリカ的ファシズムないしは国家社会主義であるとジャファは痛烈にケンドールを批判している（Jaffa 1984/2002: 197-198）。

ファは、普遍的人権という考えに基づいて独立を宣言し、立憲主義と法の支配を根づかせようとした行為は、人類の営みのなかで唯一無二のことであり、前例のないことであったことをあらためて強調した (Jaffa 1978/2001: 144)。英国との紐帯が断ち切られた、という以上のことが起きたというのが、ジャファの変わらぬ主張であった。そのうえでジャファは、ブラッドフォードもケンドールと同じく、カルフーンをパラフレーズする以上のことはしていないと反論している (Jaffa 1978/2001: 146)。ジャファの反論は自説を繰り返し、またもや相手を南部の奴隷制論者と同一視しているだけとも言え、その意味で反論たりえているかは、もしかすると疑問が残るかもしれない。ただ、ジャファの主張は妥協の余地がないものであり、その意味で、あたかもジャファは思想的な南北戦争を戦っているかのように、その筆致は激しかった。

ジャファの保守主義は北軍旗の陰に隠れたオールド・リベラリズムであるという、南部を自覚的に背負ったブラッドフォードの批判については、ジャファはそれをむしろ積極的に受け入れてつぎのように肯定した。

わたしは平等を称賛するなかで、新しい保守主義《ニューコンサーヴァティズム》に言及してきた。それは適切に言えば、オールド・リベラリズムと同じものであり、わたしの見解ではアメリカというレジームの建国の父祖たちのリベラリズムだった。というのも、父祖たちのリベラリズムは、わたしの理解では、当地で不満をためていたホイッグたちのそれではまったくなかったからである。一度英国の王権からの分離が決定されたなら、かれらはある新しい、それ以前に実際に存在してきたどのような理想型よりも、もっと根源的に正しい政治秩序を打ち立てることに着手したのだ(Jaffa 1978/2001: 142-143)。

ジャファがここで、自らの保守主義を新しい保守主義として規定している点は見落とすことができない。ネオコン第一世代が従来のニューライトに合流する一方、新しいニューライトも登場した一九七〇年代に、「万人は平等に創造されている」という命題こそがアメリカの保守すべき原理であると考える立場を、ジャファは「新しい保守主義」として位置づけていた。この「新しい保守主義」は、ネオコンや新しいニューライトほどには真剣に受けとめられず、これまで長らく、ただネオコンの亜種としてみえただけだったかもしれない。[9] しかし、アメリカ建国の根源的な新しさを主張し、アメリカの道徳性を政治哲学的に基礎づけようとする立場は、他の競合するどの潮流とも異なる独自性を潜在的には帯びるものだった。

9 そうした解釈の一例として(Ryn 2011)がある。リンはジャファの主張をネオ・ジャコバン主義の典型として位置づけている。

7　社会的保守としてのジャファ

ブルームは『アメリカン・マインドの終焉』のなかで、アメリカ社会ならびに高等教育に蔓延している相対主義やニヒリズムに抗して、聖書を含めた西洋古典の偉大なる書物（the Great Books）を読むリベラル・エデュケーション（一般教養教育）の重要性を対置した（Bloom 1987=1988: 381）。ブルームはまた、相対主義やニヒリズムと併せて、自己利益のみを社会の基盤にすえる近代啓蒙思想を批判の俎上にのせたが、その近代啓蒙思想を代表する思想家として位置づけられるのが、ブルームによればロックだった。

ブルームは『アメリカン・マインドの終焉』のなかで、アリストテレスとロックとを明確に対置した。ブルームによれば、アリストテレスにとって善き体制は、共通善に献身する統治者たちを擁するのにたいして、悪しきそれは、私的利益を増進させるために自らの地位を利用する統治者たちを擁する。ロックはモンテスキューとともに、このようなアリストテレス的区別をしておらず、かれらにとって善き体制は、それを構成する利己的な人びとを満足させるのに適切な仕組みをそなえたものであり、悪しきそれはかれらを満足させることに成功していない体制であるとブルームは主張した（Bloom 1987=1988: 191）。このようなブルームのロック理解は、『自然権と歴史』でシュトラウスが描いたロックの像をほぼ踏襲したものであり、シュトラウスの弟子としてごく当然の解釈であると言える。

これにたいして、多くの論敵たちと思想的な南北戦争を戦ってきたジャファは、ロックにたいする消極的な評価を大きく転換し、建国の父祖たちはシュトラウスとは異なるかたちでロックを読んだという理解を得ることで、積極的で肯定的なロック理解に転向を果たしていた。そのようなジャファにとって、ブルームのロック批判はもはや受け入れられるものではなかった。『アメリカン・マインドの終焉』にかんする書評論文のなかで、ジャファが激しくブルームを批判したのは当然の帰結だった。

『アメリカン・マインドの終焉』にかんするジャファの書評論文は、もうひとつの点でブルームを批判していた。それは、アメリカに蔓延している相対主義の最悪の表現は、同性愛の公的な承認を求めるゲイ解放運動であるにもかかわらず、ブルームは『アメリカン・マインドの終焉』のなかで、そのことについてまったく沈黙しているという点だった。ブルームがゲイであることは、シュトラウスの弟子たちのあいだでは公然の秘密だった（Epstein 2011: 146）。ジャファもそのことを知っていた。そのうえで、ブルームの沈黙をジャファは意図的に攻撃した。

ジャファは書評論文のなかで、モラルと法的権利の両面で「ソドミー」を承認せよという要求は、人間の行為のあらゆる客観的な基準の、もっとも完全な否定であると強く断じた。ジャファにしたがえば、種は新しい個体を生むことのできる両性の個体の存在によって規定されるのであり、男性性と女性性は自然の基礎である。他方で、神の似姿にもとづいて人が創造される際、神は人を男性と女性とに創造されたと聖書は記している。それゆえにいわゆる「ゲイ・ライツ」の運動は、自然

／本性の究極的な否定であり、したがってあらゆる道徳性の根拠の究極的な否定である（Jaffa 1988: 112）。

ジャファにとって、同性愛と異性愛とを同等の権利として認めるように求める動きは、男性と女性との本質的な区別を破壊する相対主義の最悪の形態として映っていた。それにたいしてブルームが、一九八〇年代のアメリカの大学における道徳的危機を主張していながら、この点について『アメリカン・マインドの終焉』でほぼ完全に沈黙していることは、ジャファにとって許容できないことだった。ジャファはつぎの一文に端的にあらわれているように、ＨＩＶは同性愛者にたいする神の罰であるという、キリスト教保守に収斂する主張を明確におこなっている。

エイズ禍の時系列は、推奨されるライフスタイルとしてソドミーとレズビアニズムを確立しようという公的な運動とまさに一致する。同性愛の承認以上に、相対主義の力――とアメリカの高等教育の不名誉――を明らかにしているものはない。しかし教育の権威者たちの態度がどのようなものであれ、神と自然は手ひどい懲罰をおこなっている。このライフスタイルは、死のスタイル（deathstyle）であることが明らかになっている（Jaffa 1988: 113）。

言うまでもなく、ＨＩＶが同性愛者固有の疾病であるという誤った理解は、発症のメカニズムの解明によって退けられ、その後の啓発活動によって偏見をなくす取り組みが進められていった。だが、ジャファの反同性愛の信念は、その後いささかも揺らぐことはなかった。

社会的保守としてのジャファの側面をさらに知ることができる論考として、一九八四年に出版された論文集『アメリカ保守主義とアメリカの建国』の補遺として巻末に掲載されている「ソドミーとアカデミー――「解放」の倫理学による家族と道徳にたいする攻撃」、ならびに「ソドミーと自由な社会の解体」がある。前者の論考は、クレアモント・マッキナ・カレッジでジャファの同僚であったスティーヴン・スミスがカレッジの学内誌に寄稿した内容にたいしてジャファが痛烈な批判をおこなったものであり、後者の論考は一九八八年に刊行されたリチャード・D・モアの『ゲイの正義』にたいするジャファの批判的な書評である。

『アメリカン・マインドの終焉』の書評論文でもそうであるが、どちらの論考でもジャファは、同性愛と同性愛者を指し示すのにソドミーとソドマイトという用語を用い、ゲイという呼称を用いることをしなかった。否、正確にはジャファは、ゲイという呼称を用いることを拒否することを明言している（Jaffa 1990: 27）。

ジャファは前者の論考のなかで、男性や女性は社会によって各々の自己に割り振られた「ステレオタイプ化された」役割であり、自己解放とはそのような役割からの解放であるという同僚の教授の――リベラルな――主張を強く否定している。『アメリカン・マインドの終焉』の書評論文でも述べていたように、ジャファにとって男性と女性との区別はあらゆる区別のなかでもっとも根本的なものであり、人間と獣、さらには人間と神との区別よりも根本的なものだった（Jaffa 1984/2002:

265)。

ジャファにとって政治的共同体は正義に基づくパートナーシップであり、エロスではなくノモスに基礎を置くものであった。ただし、正義への情熱が存在するためには、家族のエロスのなかにある何かが、政体のノモスへと引き継がれなければならない。まさにアメリカにおいて、「われわれ」に法を与えた建国の父祖たちは、自分たちの国の父であり、「われわれ」はその同じ父祖たちの子らであることを見出すのだとジャファは述べている（Jaffa 1984/2002: 274）。

したがってそのような政治的共同体のパートナーシップの基礎にあるのは、諸々の家族のパートナーシップであり、家族とは男性と女性の結合から生じるパートナーシップである。ジャファは「家族のなかでこそ、将来の市民は市民社会のより大きな正義のパートナーになることを学ぶ」と述べている。それゆえに近親相姦や「ソドミー」の禁止は、原始的な迷信のようなものではまったくない。ジャファにしたがえば、理性と自然／本性はわれわれに、これらの禁止なくして、家族ならびに家族内の権威の仕組みは崩壊してしまうことを教えているのである（Jaffa 1984/2002: 274）。

さらに後者の論考をつうじて明らかになることは、ジャファは師のシュトラウスのように「万人は平等に創造されている」という命題を自然権として受けとめることから離れ、独立宣言の最初のパラグラフにある「自然の法と自然の神の法」という言葉をも積極的に受け入れるに至っている、ということだった。すなわち、ジャファは「万人は平等に創造されている」を自然権としてだけではなく自然法として、言い換えれば、高貴なる者がその実現に向けて限りなく努力すべき正しさではなく、理性をもつ者であれば理解でき、かつそれに拘束される基準として位置づけるに至っているのではないか、ということである。ジャファは実際に、このように述べている。

かれの本全体をつうじてモアが拒否しているのは、「自然の法と自然の神の法」に内在する道徳性である。それらの法はアメリカ革命の土台であり、われわれの憲法の伝統の道徳的基礎である。実際のところかれは、自然は正しいことと間違っていることを区別する根拠をもたらすということを否定している[10] (Jaffa 1990: 28)。

「種に属している存在」である人間は、他の人間たちの相互の保護や相互の支援なしには、まったく生きることができず、いわんや善く生きることができない。すべての友愛の基礎は、すべての共同体の基礎がそうであるのと同様に、あらゆる人間の結合体のなかで第一の最も自然なもの、ひとりの男性とひとりの女性、すなわち家族から始まる。したがって同性愛は、強姦や近親相姦と同様に、家族の権威と尊厳を攻撃する。『ゲイの正義』の書評でもこのように、他の論考と同じ論理が繰り返されている。この『ゲイの正義』の書評では、自らの主張を補強する論者としてファル

10　ジャファは特定の宗教に帰依した人間のみを拘束する神法と、人間を「人として」拘束する自然法とを区別したうえで、「ソドミーの禁止は、殺人、窃盗、姦通の禁止と同様に、自然法に属している」と述べている (Jaffa 1990: 31)。

ウェルが参照されている（Jaffa 1990: 32-33）。

『ゲイの正義』のなかで、モアは成人間の同意を尊重すべきであるという議論を展開している。この点をとらえて批判を加えるジャファの論理は、まさにケンドールにたいする批判を踏襲したものだった。奴隷制は奴隷たちの同意によって正当化されたのだろうか。ドイツの民衆の同意は、ヒトラーの体制を正当化したのか。ジャファは畳みかける。もしモアがこれらの問いを首尾一貫して考えるなら、同意だけでは道徳性の根拠とはならないということがわかっただろうとジャファは主張する。ジャファにしたがえば、独立宣言に書かれている「政府の正しい権力は被治者の同意から生じる」という一節は、「万人は平等に創造されている」をはじめとする一連の自明な真理によってこそ根拠づけ可能なものなのである。それゆえに、同意は真理によって啓蒙されなければならないのであり、本質的な正しさないしは誤りという観点からのみ、同意は道徳性の一部となる（Jaffa 1990: 34）。

以上のような批判を繰り返したジャファは、この『ゲイの正義』の書評においても末尾で、HIVは元来まったくもってソドマイトたちの病気だったと繰り返している（Jaffa 1990: 36）。しかも、喫煙の頻度が肺がんのリスクを向上させるのと同様に、ゲイ開放運動の高まりがAIDSのリスクを向上させるという論理さえジャファは展開した。ソドマイトたちは、クローゼットのなかに戻るべきである。それがジャファの処方箋だった。

＊

リンカンを批判する論敵にたいする反駁の論理と、ゲイの権利擁護をおこなう者にたいする批判の論理は、ジャファのなかで恐るべきほどに首尾一貫し、かつ連動している。『ゲイの正義』の書評のつぎの一節は、その点を明快に示している。

ソドミーを選択している人びとはすでに奴隷制を選択している。なぜなら、自らの理性的ではない情念の見境ない奴隷となる人びとは遅かれ早かれ、他者の情念の奴隷になるだろうからである（Jaffa 1990: 39）。

奴隷制をめぐる「分かたれたる家は立たず」というリンカンの訴えは、ゲイ解放運動が高まるなか、ジャファによってソドミーをめぐって「分かたれたる家は立たず」と変奏されていった。キリスト教保守と共同歩調をとる、否、キリスト教保守と一体化したこのようなジャファの妥協の余地のない議論は、西海岸シュトラウス学派の論者たちによる、「ポリティカル・コレクトネス」をめぐる妥協の余地のない主張の原型と言えるものだった。

第5章
戦後保守主義のほころび
ネオコンvs.ペイリオコン

1　延命された融合主義

融合主義のかなめと言える反共主義は、冷戦の終焉とともにその役割を本来的には終えたと言ってよい。だが、冷戦後のアメリカ外交が国連やＮＡＴＯを含めた多国間主義（マルチラテラリズム）を重視するのか、それとも単独行動主義（ユニラテラリズム）をとるのかをめぐって紆余曲折のある試行錯誤を続けつつ、いずれにしても積極的な介入主義を維持していく限りで、そのような積極的な介入主義は、半ばなし崩し的に反共主義にとってかわっていった。リバタリアニズムと伝統主義の融合を長らく実際に可能にしてきた反共主義の座を介入主義的な国際主義が占めることで、すなわちグローバリズムのなかで民主主義の世界秩序をその敵から守ることがアメリカの使命であると喧伝されることで、戦後アメリカ保守主義を導いてきた融合主義は表面的に維持された。

融合主義の維持、あるいは露骨な言い方をするなら延命という作業を中心的に担ったのは、ニューライトに合流したネオコン第一世代の後継者たち、ネオコン第二世代だった。[1]ネオコン第一世代は完全に第一線を退いていたわけではないものの、一九九〇年代後半から二〇〇〇年代にかけて、新しい世代の台頭は著しかった。かれらのある者は、ジョージ・W・ブッシュ政権のもとで政策スタッフとして政策立案に携わり、またある者たちは、言論の場でグローバリズムのもとでのアメリカのヘゲモニーの維持と拡大を構想していった。ウィリアム・クリストルやロバート・ケーガンは、ネオコン第二世代のなかで後者を代表する論者と言える。かれらは、アメリカの道徳性は他国に比べて並外れて高いがゆえに、ロシアや中国が軍事力を行使する場合には許されないような承認や賞賛を、アメリカは得ることができると公言した（Kagan and Kristol 2000: 22）。

だが、反共主義を介入主義的な国際主義に置き換えるということは、保守に与する誰でもが諸手を挙げて賛成するものでなかった。しかも冷戦の時期以上に、あからさまな好戦主義が大手を振って姿をあらわすとなれば、これまで保守のなかで実質的に傍流の位置に追いやられていた者たちは、もはや我慢ならなかったことだろう。しかも戦後保守の念願と言えるレーガン政権のもとでも、伝統主義の空洞化に歯どめがかからず、それどころかグローバル化のなかで一層の拍車がかかるとなれば、傍流に甘んじてきた者たちの失望と怒りはさらに強まった。

1　二〇〇〇年代に書かれたネオコン第二世代にかんする論考ならびにネオコン一般について検討を加えた文献は日本においても数多い。代表的なものとして（古矢 2004）のほか、（坪内 2006）は文芸批評の観点からポドレッツについて論じている。（橋本 2007）では、ヒンメルファーブが詳細に検討されている。（藤本 2009）は、ネオコン第二世代と宗教右派との共闘を批判的に指摘している。

2 ペイリオ・コンサーヴァティズムという鬼子

そのような傍流の位置に追いやられていた者たちの代表格が、ペイリオ・コンサーヴァティズムと呼ばれる一群の保守たちだった。ペイリオ・コンサーヴァティズムの知識人たち、いわゆるペイリオコンに誰が分類されるかについては議論の余地があるものの、ペイリオコンの第一世代としては、本書でこれまで触れてきたカークやロスバードらの名前が挙げられることがある。[2] 戦後アメリカにおける保守の知識人たちの伝統主義とリバタリアニズムのふたつの側面を継承しているという点で、ペイリオ・コンサーヴァティズムは戦後アメリカにおけるニューライトから派生したものとして位置づけられうる。[3]

ただし、ペイリオがギリシア語に端を発する「古い」を意味するように、ペイリオコンの第二世代として位置づけられるトマス・フレミング、クライド・N・ウィルソン、チルトン・ウィリアムソン・ジュニア、ポール・E・ゴットフリード、そして本章で中心的に論じるサミュエル・T・フランシスは、一九三〇年代から一九四〇年代前半にかけてフランクリン・ローズヴェルトに反旗を翻した南部農本主義やオールドライトたちからも強い影響を受けているだけでなく、自分たちをかれらの後継者であると自覚的にみなした。とりわけ、アメリカの外交政策における介入主義への反対、白人の生活圏防衛を明確に念頭に置いたうえでの非白人移民の受け入れ反対、ニューディールがもたらした官僚機構の増大、いわゆる行政国家への敵対といった点を共通の特徴とした。

ペイリオ・コンサーヴァティズムの具体的な形成の時期は、一九七九年におけるフレミングとウィルソンによる『サザン・パーティザン・クォータリー・レヴュー』誌の創刊（一九七九年）から、フレミングがロックフォード研究所を発行母体とする『クロニクルズ』誌の編集者に就任した一九八〇年代半ばの頃に見出すことができる（Scotchie 1999: 3）。そうしたペイリオ・コンサーヴァティズムの形成過程は、保守のなかで影響力を伸長させていったネオコンサーヴァティズムの知識人たちとの対立と軌を一にするものであり、ネオコンとの対峙のなかで、かれらは自らをペイリオコンとして自己形成してきた。積極的な介入主義を支持し、移民の受け入れにも肯定的で、一九六〇年代以降のニューポリティクス・リベラリズムは否定しつつも、ニューディールを好意的に評価し続けるネオコンの知識人たちとは、ことごとく対立する立場に立ってきた。

ペイリオコンとネオコンの衝突としてとくに知られるのが、レーガン政権発足時の全米人文科学

2　カークは最晩年の一九九二年にパット・ブキャナンを支持したとはいえ、このときは『ナショナル・レヴュー』もブキャナン支持に傾いており、なによりもカークが生涯にわたって有していたラディカリズムにたいする嫌悪を、ペイリオコンたちは共有していないと指摘する論者もいる（Hawley 2016: 203-204）。

3　この点はペイリオコンに分類される人びとと『ナショナル・レヴュー』とのつながりからも言える。チルトン・ウィリアムソン・ジュニアは『ナショナル・レヴュー』で文芸担当の編集人を務めた後、『クロニクルズ』誌の書評担当の編集人になっている。ピーター・ブリムロウやジョセフ・ソブランも『ナショナル・レヴュー』の編集人をかつて務めた。ソブランはバックリー・ジュニアの寵愛を受けていたものの、執筆したコラムが反ユダヤ主義的であるとして『ナショナル・レヴュー』を離れることを余儀なくされ、その後は『クロニクルズ』などでコラムを執筆した。

基金の議長人事である。一九八〇年の大統領選で勝利を収めたレーガンは、全米人文科学基金の議長候補として、第4章で登場したダラス大学のブラッドフォードを選任することを検討した。しかし、ブラッドフォードが一九六〇年代後半から一九七〇年代はじめにかけてジョージ・ウォレスを熱烈に支持していた過去や、リンカンを批判する研究を発表している点を非難する声があがり、レーガン政権が発足した翌年、最終的には当時の首席補佐官であったジェイムズ・A・ベイカーの判断によって、対抗馬として名前の挙がっていたウィリアム・ベネットが議長に就任することになった（Scotchie 1999: 5）。

ブラッドフォードはペイリオコンの第二世代たちをはじめとして、南部史研究で知られたユージーン・ジェノヴェーズ、あるいはまたパット・ブキャナン（パトリック・J・ブキャナン）らが支持したのにたいして、ベネットはポドレッツやクリストル親子らが支持した（McClanahan and Wilson 2012: 169）。この顔ぶれから明らかなように、ペイリオコンの知識人や政治家たちとネオコンの知識人たちの対立は明白だった。ウィルソンは、全米人文科学基金の議長人事をめぐる知識人の争いは政治的にはささいなものであったかもしれないが、ブラッドフォードとその支持者たちはレーガンと共和党のエスタブリッシュメントたちを許さず、「レーガン革命」から袂を分かったと記している（McClanahan and Wilson 2012: 170）[4]。

一九八〇年代末に冷戦が終結すると、それをレーガンのリーダーシップが可能にしたアメリカの保守の最終的な勝利として受けとめた人びとがいる一方で、仮に対外的にアメリカは冷戦に勝利したとしても、国内で保守は、肥大化した国家とそれを支えるリベラリズムというイデオロギーとの戦いに勝利する気配がないと嘆いた人びとがいた。ペイリオコンたちがまさにそうであり、なかでもフランシスは、そうした主張を精力的に展開した筆頭だった。

3 トランプに先駆けた男

二〇〇五年に五七才でこの世を去ったサミュエル・トッド・フランシス（一九四七―二〇〇五）は、一九四七年にテネシー州のチャタヌーガに生まれた。ジョンズ・ホプキンス大学で歴史を学んだ後、ノース・カロライナ大学チャペルヒル校にて英国史で博士号を取得したフランシスは、その頃にはすでに右派の学生集団に属していたという。外交問題と国内の治安にかんする政策アナリストとしてヘリテージ財団でキャリアを積んだ後、フランシスはノース・カロライナ選出の共和党の上院議員だったジョン・イーストのもとで、国家安全保障にかんする法案作成を補佐する政策スタッフを務めた（Gemma 2006: 327）。一九八四年には、ジェイムズ・バーナムにかんする政治思想を扱った『権力と歴史』を初の著作として刊行している。一九八六年にイーストが亡くなった後、フランシ

4　ペイリオコンとネオコンとの対立の事例としてはその他にも、一九八七年にゴットフリードがアメリカ・カトリック大学の古典的政治哲学の教授職を得ようとした際、かれの反イスラエル的立場――ゴットフリード自身はユダヤ系である――を理由として、ネオコン側が就任を妨害するロビー活動をした件が知られる（Fuller 2011: 265）。

サミュエル・T・フランシス

スは『ワシントン・タイムズ』紙に職を得て、コラムニストとして頭角をあらわした（Gemma 2006: ix）。一九八九年と一九九〇年には米新聞編集者協会の賞を受賞している。

だが一九九五年、かれは『ワシントン・タイムズ』を追われることになった。その原因は、フランシスが奴隷制を擁護するかのようなコラムを執筆したことにくわえて、ジャレド・テイラーが主宰する『アメリカン・ルネサンス』誌の前年の会合で「白人が欧米で創り出した文明は、それをつくりだした人びとの遺伝的な素質を離れて発展することはありえなかっただろう」と発言したためだった（Gemma 2006: xii）。主流保守メディアでの職を失ったフランシスはさまざまな保守の雑誌への寄稿を続けたが、とくに、従来から寄稿していた『クロニクルズ』に定期コラムを掲載するとともに、移民反対論者として知られ、近年では前述のテイラーと併せてオルトライトとしても分類されるピーター・ブリムロウの主宰するＶＤＡＲＥ《ヴィー・デア》への寄稿をおこなった。フランシスの白人至上主義的発言は確信的なものであり、かれの移民反対論と併せてのちに本章で詳しく触れる。

フランシスのもうひとつの主張の核は、アメリカの対外的な参戦反対論である。ブキャナンとフランシスが出会ったのも、湾岸戦争への反対をきっかけとしてだった。ブキャナンが回想しているように、イラン・イラク戦争の負債をどうにかするためにクウェートの石油に目をつけたサダム・フセインがたとえ悪党だとしても、フセインはアメリカにとって脅威ではないと主張して、ブキャナンやフランシスは反戦を展開した。ブキャナンによれば、自分とともに保守として反戦の主張に加わったのは、フランシスに加えて、ゴットフリード、ジョセフ（ジョー）・ソブラン、リュー・ロックウェル、そしてロスバードといった、ペイリオコンあるいはリバタリアンの面々だった（Gemma 2006: xi）。

ソブラン、ゴットフリード、フランシスらは一九九五年にロスバードが亡くなった際に追悼文を寄せているように、ペイリオコンとリバタリアンの関係は密接である。ロスバードは一九八二年に、ロックウェルらとともにアラバマ州のオーバーンにミーゼス研究所を設立するが、フランシスはゴットフリードとともに、ミーゼス研究所の非常勤研究員という肩書きも得ていた（Rockwell Jr. 1995: 127-128）[5]。

さて、アメリカの中東への派兵は、湾岸戦争で終わらなかった。九・一一事件を契機として始まった、二〇〇〇年代のイラク侵攻に象徴される、ネオコンが与った介入主義の高まりは、ペイリオコンの知識人や政治家にとって、到底許容できるものではなかった。介入主義に反対するかれらの言論活動のひとつとして、二〇〇二年に『ザ・アメリカン・コンサーヴァティヴ』誌がブキャナ

5　ミーゼス研究所の設立経緯や現在の活動については（渡辺 2019）のなかで詳しく触れられている。

ンらによって創刊され、現在この雑誌とそのウェブサイトは、ペイリオコンの主張を掲載する代表的な媒体のひとつとなった。ブキャナンらはこの『ザ・アメリカン・コンサーヴァティヴ』をつうじて、選挙戦の前後からトランプを支持する論考を発表していった。

ブキャナンは二〇一六年、トランプの勝利が確定した直後の論考のなかで、トランプがジョン・マケインを英雄でないとこきおろし、ハンディキャップをかかえた記者を馬鹿にし、戦死者の家族と言い争うということをしても、トランプの支持者たちがかれを支持し続けたのは何故だったのかと自問したうえで、それはアメリカが今や「われわれ」と「かれら」というふたつの人びとからなる国になったからだと書き記した。「かれら」にたいする「われわれ」の勝利と言えるトランプ勝利の状況に「アメリカの春」をみているトランプの支持者たちこそ、「わたしの今は亡き友人であるサム・フランシスが描いた」ミドルアメリカン・ラディカルたちだと評した（Buchanan 2016）。[6]

4　ミドルアメリカン・ラディカリズムの現状分析と政治戦略

「ミドルアメリカン・ラディカルたち」とは、社会学者のドナルド・I・ウォレンが一九七〇年代にニューライトの担い手の分析のなかで用いた概念である（Warren 1976）。フランシスはウォレンからこの分析上の概念を引き継いだうえで、ペイリオコンの潜在的な担い手たちの意識を惹起させるという戦略的な文脈のなかでそれを発展的に用いていった。実際にフランシスは、ミドルアメリカン・ラディカルたちをこのように規定している。

ミドルアメリカン・ラディカルたちは、アメリカ社会の支配的なパターンや構造に反抗しているひとつの階級を形成しているのであり、単なる中産階級でも経済的カテゴリーでもない。ミドルアメリカン・ラディカルたちは広い意味における政治的階級である。ミドルアメリカン・ラディカルたちはニューライトをつうじて、現在のエリートにとってかわり、その権力装置を覆し、その政治的イデオロギーを失墜させることによって合衆国における支配的な政治的階級になることを望んでいる（Francis 1993: 62）。

フランシスにしたがえば、一九三〇年代以来、合衆国のエリートはリベラリズムというイデオロギーのもとで自らの正統性を演出しつつ、政治と社会双方の権力を保持してきた。フランシスはこのエリートを、バーナムの定式化を踏襲して「経営者階級」として規定している。ただしフランシスは、企業の国営化をつうじて経営者階級の支配は完成すると想定したバーナムは、国家と経済の

6　ブキャナンは一九九二年と一九九六年に共和党の大統領候補者レースに出馬したが、ブキャナンのヴィジョンに理論的な裏づけを与えたのはフランシスだった。一九九二年、ミシガンでの選挙運動中にブキャナン、カーク、フランシスで会食する機会があった際、ブキャナンはカークがその場にいないかのようにフランシスとの話に夢中になり、カークは自分に払われるべき敬意が払われていないことに怒ったという（Stanley 2012: 190-192）。

融合は現実の社会主義体制のように文字どおりのフォーマルなものではなく、インフォーマルなものであることを理解しなかったと批判したうえで、そのバーナムが十分に把握しなかったことは、経営の執行機能は、ますます技術的かつ複雑になっているということであると指摘している（Francis 2016: 112）。

バーナムを踏まえつつ、ジョン・ケネス・ガルブレイス、ダニエル・ベル、アルフレッド・チャンドラー、ピーター・ドラッカーらの企業分析を受容するフランシスは、経営とは役員による執行という狭義のものではなく、大量生産と流通を可能にする、科学者、エンジニア、エコノミスト、法律家、各種の社会調査の専門家を含む、多様な専門家たちを包摂するものであると把握している。フランシスによれば、技術的な専門能力を有するこれら一群の人びとこそ、企業、政府の官僚機構、文化とコミュニケーションの諸機関に偏在している「経営者」たちであり、今日においてブルジョア階級にかわって支配的な階級を構成している（Francis 2016: 115-120）。

フランシスによるバーナムの経営者階級の批判的かつ発展的な理解は、第3章で触れたネオコン第一世代の知識人たちが保持したニュークラス論と、ある程度のところまで背景や分析を共有したものだと言える。実際にフランシスもまた、時事的なコラムのなかでは、経営者階級という概念にかえてニュークラスという言葉をしばしば便宜的に用いてもいる。

ただしフランシスは、たとえばアーヴィング・クリストルのニュークラス理解は大企業の経営者たちを含めず、拡大を続ける公共セクターの専門職だけをニュークラスとして規定することで、経営者階級の存在総体を捉えそこなっている点を批判している。ニュークラスがひとつの階級として規定可能であることそれ自体に否定的であるベルにたいしても、フランシスは批判をおこなっている（Francis 2016: 181-182）。

公共セクターの経営者と民間セクターの経営者とが同一の利益を保持した階級を構成したうえで支配を貫徹させていく「経営者国家」としてのアメリカは、一九四〇年代から一九五〇年にかけて基礎を固めた後、一九六〇年初頭にこの経営者国家のレジームの加速がいよいよ始まったとフランシスは考察している（Francis 2016: 486, 498）。この加速は、リベラリズムの名のもとでの経営者国家の規模と機能のさらなる拡大とともに、それを推進したジョン・F・ケネディやジョンソンの大統領としてのリーダーシップ、すなわちフランシスの言葉を借りれば、かれらによる「経営的カエサル主義」を特徴とするものだった（Francis 2016: 503）。ヴェトナムへの侵攻に象徴されるかれらの外交政策もまた、カエサルやナポレオンと同じ軌跡を歩むものであるとフランシスにはみえていた。

フランシスの考察にしたがえば、連邦政府が主導した労働、所得移転、社会保障に関連する諸々の公共政策の直接の受益者は、アメリカ社会の貧しいアンダークラスだったが、実際にはその究極的な受益者は、そうした政策の立案ならびに実施をつうじて自分たちの階級的利益と地位を確保し、かつ拡大してきた企業と政府の新しい経営的ならびに官僚的エリートだったのであり、総じてリベラリズムの名のもとで実行されてきた政府の一連の政策は、旧エリートであるブルジョアの残存勢力とますます排除されていく中産階級にたいして、新しいエリートとアンダークラスのあいだの同盟を強固にすることが目論まれたものであった。フランクリン・ローズヴェルトからリンドン・ジョンソンに至るまで独裁的な行政権力を行使する大統領を戴いてきた経営エリートたちと、旧エリートや中産階級から取り上げられた物質的利益を享受するアンダークラスとの階級同盟が構築されてきたと理解するフランシスは、その同盟構築を「サンドウィッチ戦略」と表現している（Francis 1993: 66n）。

フランシスによれば、アンダークラスの支持を取りつけつつ行政府が独裁的に権限をふるう「経営的カエサル主義」のもとで、旧エリートが基盤にしてきた地方や州の政府、ならびに議会は攻撃され、力を奪われ、失墜を余儀なくされてきた。そうしたなか、経営者国家のレジームの加速にとっての最大の障壁がアメリカの南部だった（Francis 2016: 502）。その意味で、フランシスからみれば一九六四年公民権法にしても、一九六五年投票権法にしても、それらは経営者階級が支配を貫徹させていくための手段にすぎなかった。公民権法は旧来のブルジョア的価値や地域の権限に異議申し立てをおこない、それらを新しいレジームへと吸収同化していくためのものであり、投票権法は、そのレジームにたいする政治的反対を弱体化させるための、経営者国家の一手にほかならなかった（Francis 2016: 505）。

力を奪われたのは旧エリートであるブルジョア階級だけでなく、中産階級も同様である。経営エリートとアンダークラスに挟撃された中産階級もまた、かつての地位をうしない、いまや「ミドルアメリカン・プロレタリアート」と呼びうるプロレタリアートに転落している（Francis 1997: 54）。それにともなって、かれらが担っていたナショナリズムやアメリカの文化もまた衰退を余儀なくされ、グローバル化した経済と文化にのみ込まれてしまっている。だが、プロレタリアートの地位に落ち込んでしまっている昔日の中産階級であるミドルアメリカンたちのなかから、「ミドルアメリカンの革命」と言える反抗の機運は確実に高まりつつある（Francis 1997: 11）。フランシスはそうした確信も同時に深めていた。ただし注意しなければならないのは、反抗のための戦略を適切に見極めなければ、その機運はたちどころに変質をしてしまう危険があるということだった。この点でフランシスが批判的に挙げる教訓がレーガン政権だった。

今やネオコンを含めた戦後アメリカの保守主義の主流にとって、レーガン政権の誕生とそのもとでの一連の取り組みは、自分たちの勝利に映ったかもしれない。しかしこの政権は、ニクソン政権もまたそうであったように、経営エリートたちを放逐することがまったくできなかったとフランシスはみてとった。その理由としてフランシスが挙げるのは、第一にはレーガンとかれの支持者たちは、自分たちの取り組みを正当化しうる文化の別様の基盤を発展させることができなかったということであり、第二には新しい文化的アイデンティティに向けてミドルアメリカンたちの意識を惹起するいかなる取り組みも、経営エリートたちの類いまれなる操作によって捻じ曲げられてしまったということである（Francis 1997: 79）。この後者の点に関連してフランシスは、本章で先にも触れた、全米人文科学基金の議長へのベネットの就任を、そうした操作のひとつの典型としてあらためて位置づけている（Francis 1997: 80）。

経営者階級の権力の基盤に切り込まない保守は無力なままであるというフランシスの批判は、宗教右派にたいしても向けられた。フランシスは、宗教右派がミドルアメリカンたちの急進化に貢献することを一定程度認めつつも、既存の支配階級とその権力装置の転覆という核心的なイシューが見えていないために、宗教右派は「ある政治社会階級に訴えかけて動員するが、その階級の客観的利益やニーズを正確に体系化しないので、結果的にその階級の政治行動を逸らして歪め、究極的には支配的体制を支えて強化することに役立つイデオロギーとして奉仕してしまう」と手厳しく批判した（Gemma 2006: 105）。宗教右派が問題の根本的な部分に迫ることができていないというフランシスの批判は、つぎのようにきわめて具体的である。

かれら〔宗教右派〕が中絶を終わらせ、学校での祈りを復活させ、ソドミーを違法化し、ポルノを禁止したとしたら、その支持者たちの多くはただ勝利宣言をして撤退するだろうとわたしは思う。しかし仮にこれらすべてを達成したとしても、連邦政府が今世紀をつうじて維持してきた権力を取り上げたり、合衆国憲法ないしは共和主義による統治の適切な理解や行使を回復したり、反西洋的な移民の氾濫を防いだり、歴史あるアメリカ民衆の文化的ないしは人種的な疎外をとめたり、アメリカ国民を多文化的で多人種的なグローバル・レジームへと吸収することに抵抗したりといったことは、宗教右派はまったくしないだろう（Gemma 2006: 104）。

それゆえにフランシスは、本節の冒頭に引用したように、経済的にはプロレタリアートの地位にまで零落しているミドルアメリカンたちが、レーガンの勝利でただ満足している従来の保守勢力、あるいは宗教右派を乗り越えて、経営者階級にとってかわるべく、ミドルアメリカン・ラディカルとしての先鋭的な政治意識を獲得していくことを展望していった。

ただし、現在の支配エリートである経営者階級にとってかわると言っても、それは暴力革命による体制転換を意味するわけではないことを、フランシスは主張した（Francis 1993: 69）。また、これまでに概観したフランシスの議論からも明らかなように、選挙での勝利や政権の奪取によって特定の階級の支配が覆せるわけでもない。これらの隘路を縫ってフランシスが強調したのは、イタリアのマルクス主義者であるアントニオ・グラムシに学んで「文化的ヘゲモニー」をミドルアメリカン・ラディカルたちは奪取しなければならないという政治的課題だった。たとえばフランシスは、一九九三年五月一五日にワシントンDCで開催された、ブキャナン夫妻が主宰するアメリカン・コーズ財団の会合で「文化と権力――文化戦争に勝ち抜く」という講演をおこない、グラムシのヘゲモニー論を主題的に論じた（Francis 1997: 176）。[7]

このような階級、イデオロギー、ヘゲモニーといった一連の概念を駆使して展開されるミドルアメリカン・ラディカリズムの構想は、一見、内実ともにおよそ保守思想とは言いがたいものにみえるかもしれない。そのことはフランシスも認めるところだった。だがそれはフランシスにとってみれば、ミドルアメリカン・ラディカルとして覚醒を始めつつも経済的にはもはや中産階級から脱落している「ミドルアメリカン・プロレタリアート」が、経営エリートとアンダークラスによる挟撃というサンドウィッチ戦略に苦しんでいる現下の社会的位置のゆえだった。エリートとアンダークラスによる挟撃という現状分析、ならびに文化的ヘゲモニーの奪取という政治戦略のふたつが交差する社会的イシューこそが、まさに移民問題だった。

5　大量移民に徹底抗戦する

フランシスにかぎらず、ペイリオコンにとって移民をめぐる問題は特別な争点だった。たとえばブラッドフォードは一九八五年、シンプソン・マッツォーリ法案が議会を通過した際――レーガン大統領は翌年、この法律に沿って不法移民に恩赦を与えることになる――「かれら〔外国人〕が英語を学び、われわれの文化、われわれの諸制度を受け入れ、われわれのやり方にしたがうのかについて確信がもてなければ」大規模な外国人を受け入れるべきではないと主張した（Bradford 1985: 122）。フランシスもまた、一九八〇年代から二〇〇〇年代にかけて不法移民をめぐる具体的な事例にたいして批判的な言論活動をおこなった。なかでもかれが批判の矛先を強く向けたのが、一九八〇年代の聖域運動と、一九九四年にカリフォルニア州でおこなわれた州民発議である提案一八七だった。

聖域運動は、エルサルバドルやグアテマラにおける内戦を契機としてアメリカ国境に逃れた避難民たちに一九八〇年代の前半、アリゾナやカリフォルニアの教会や宗教団体が庇護を与えることで生じた活動だった。この運動は、トランプ政権と地方政府とのあいだで攻防が続いてきた現在の聖域都市の先駆として位置づけられる。[8]

フランシスは、この聖域運動の表向きの目的は中米で政治的な抑圧にさらされている難民たちに人道的援助を与えるというものだが、実際にはこの運動は、中米における合衆国の外交政策に異議を申し立てるとともにその信用を貶め、北米の教会活動を左翼的な観点から急進化させる取り組みにほかならないと非難した。これにくわえてフランシスは、在留許可をもたない人間の不法移民を奨励することによって、聖域運動は外国のテロリスト集団や犯罪分子が合衆国に入り込んでくる可能性を増大させており、アメリカ国内における安全保障上の問題を生じさせかねないと主張した（Gemma 2006: 221-222）。

フランシスは、一九三七年に創設された全米法律家ギルドをはじめとして、この聖域運動にかかわっている団体や運動が極左あるいはカストロのシンパや支持者たちであると主張し、この運動の目的は人道的なものでも宗教的なものでもなく、アメリカの政府や社会が本質的に抑圧的で不正に

7　フランシスはヘゲモニーの重要性を説く一方で、以下のように南部農本主義者にも共通する社会改革の理想も語っている。「ニューライトの戦略的目標は、経営者の権力装置の現地化、民営化、分権化でなければならない。具体的にはこれが意味するのは、企業、教育、労働、メディアの官僚制の解体であり、より穏健な規模の組織単位への移譲であり、大規模な単位や階層から、もっと小さく地域的な単位や階層への連邦の利益のつけかえである」（Francis 1993: 69）。

8　トランプ政権のもとでの聖域都市にかんする研究としては（安岡 2017）を参照のこと。

満ちていることを暴露することに本来の重きを置いていると主張した（Gemma 2006: 223-237）。

フランシスはまた、聖域運動に取り組んでいる教会関係者の多くは、解放の神学というイデオロギーに立脚した政治的アクティヴィズムの枠内でこの運動にかかわっており、聖域運動をつうじて地域や信徒にその解放の神学を浸透させ、北米の教会を革命の手段として政治的に利用しようとしていると批判した（Gemma 2006: 238-244）。たしかに現状では、聖域運動の延長線上で動機づけられたテロリズムは起きていない。しかしながら、聖域運動の極左的傾向やラテンアメリカにおけるマルクス主義者たちへのこの運動の共感を踏まえるなら、合衆国内で活動しようとする中米のテロリストたちの支援運動、ないしは聖域運動それ自体が暴力的な運動へと進展あるいは分岐していくことは排除しきれない（Gemma 2006: 254）。フランシスはこのように、解放の神学という革命思想を内包させた聖域運動の政治性と潜在的過激さを強調した。

聖域運動の活動家たちはしばしば、庇護を求める者たちに助けを与えることはキリスト教徒の義務であり、もしこの助けを拒否するなら、それはキリストの教えに反すると主張する。だが実際には、聖域運動はすべての移民を助けているのではなく、この運動が課す「選別」に適合する者だけを助けているとフランシスには思われた（Gemma 2006: 250）。しかも、聖域運動の活動家たちが外国人たちをかくまうのは、当該の法律が高次の道徳的原理に照らして不正なものであると考えているからではなく、かれらが不道徳であると考えているアメリカの外交政策やアメリカ社会に抗議するため、すなわち政治的な別の目的のためにそうしているのであり、この点でアメリカにおける「市民的不服従」の伝統的な理解は、聖域運動には適用できないとフランシスは主張した（Gemma 2006: 251）。

むしろ聖域運動の活動家たちがおこなっていることは、教会と法の正統性を脅かし、合衆国を結果的に断片化させてしまう危険な取り組みであり、聖域運動は「アメリカ社会にたいする、あるいはアメリカ的な価値や制度をめぐる公共的な理解にたいするひとつの潜在的な脅威」をあらわしているというのがフランシスの結論だった（Gemma 2006: 222）。聖域運動をめぐるフランシスのこのような批判は、冷戦という歴史的背景のもとで、共産主義にたいするアメリカの防衛という視点と、潜在的革命分子としての不法移民という理解が結びついたものだったが、冷戦の終結後にフランシスの大量移民批判は即座に、出現しつつあった冷戦後の世界経済のグローバル化への警戒へと接続されていった。

フランシスは『クロニクルズ』一九九〇年三月掲載のコラムのなかで、ダンテの『神曲』の地獄篇に登場する悪魔のように、アメリカ国民とその文化の統合を脅かす諸勢力には三つの顔があると指摘した。第一はグローバル経済であり、第二には政治的な単一世界主義、そして第三の脅威としてフランシスが挙げたのが大量移民だった。フランシスは、六〇〇万人の合法移民と一〇〇万から二〇〇万の非合法外国人が毎年入国しており、そのほとんどは第三世界からであり、実際にはどれほどの非合法外国人が入国しているかは、誰にもわからないと主張した（Francis 1997: 45）。

そのような時代状況のなか、ビル・クリントン政権下である一九九四年、カリフォルニア州では市民団体の提議によって、不法移民に公共サービスを提供することを禁じる提案一八七が州民発議にかけられ、投票の結果、賛成票が多数を占める結果となった。ただし、この提案一八七にたいしては合衆国憲法に照らして違憲であるという巡回高裁の判断が下され、州政府は上告をしたものの、共和党のピート・ウィルソンにかわって知事に就任した民主党のグレイ・デイヴィスが上告を取り下げたことで、一九九九年、この提案一八七は廃止された。

上告が取り下げられた翌月である一九九九年八月のコラムのなかで、フランシスは提案一八七の同時代的意味づけをつぎのように読者に示した。

共和党が議会多数派となったのと同じ年である一九九四年に、六〇パーセントの得票で可決した提案一八七は、カリフォルニアならびにこの国の他の多くの地域に押し寄せている大量移民に良くて無関心、最悪の場合は移民という武器によってアメリカ国民の破壊に積極的に協力している、そのような支配階級にたいする強力なポピュリズム的非難だった (Francis 2002: 91)。

フランシスにしたがえば、西海岸や南西部の諸州に展開するアグリビジネスにとって、安価な労働力である不法移民は、利益の源泉であるものの、不法移民たちはまた、政府の官僚たちにとっては権力の源泉であるという。なぜなら、新しいアンダークラスを形成するそうした移民たちの存在によって諸々の政府プログラムが立案ならびに提供されることになるが、それによって、それらプログラムを担うソーシャル・ワーカーや各種の専門家がより多くの権限と予算を握ることになるからである（Francis 2002: 91）。

フランシスはこのように、経営者国家論ならびにサンドウィッチ戦略分析を前提とした考察を示したうえで、デイヴィス知事が上告を取り下げたことが、提案一八七が潰えた本当の理由ではないと主張した。フランシスに言わせれば提案一八七が葬られたのは、ポピュリストの政治指導者たちに「レイシスト」や「ファシスト」といった言葉を投げつけて提案一八七を潰すことを推進した、アメリカの支配階級がそれを望んだからである（Francis 2002: 92）。

フランシスの文章には激しい怒りが滲《にじ》んでいる。今回の提案一八七の結末は、ポピュリズムの諸勢力が提案する改革、あるいはそうした諸勢力からの抵抗を、支配階級は無視ないしは押さえつけることに決めたという、民衆にたいして示されたシグナルである。歴史はそのような支配階級で満ちている。しかしフランス革命においてかれらはギロチンにかけられ、ロシア革命においては壁の前で銃殺されたように、民衆の声に耳を傾けるのを拒否する支配階級は、アメリカにおいても無事では済まないだろうことをフランシスは示唆した。フランシスは読者にこう呼びかけている。すなわち、過去の堕落した支配階級にもたらされたのと同様に、革命的暴力以外にエリートの権力の乱用を正す手段はないということである（Francis 2002: 93）。ミドルアメリカン・ラディカリズムは暴力革命による体制転換を意味しないと述べる自らの主張と一見して矛盾するほどに、フランシスは強い調子で糾弾した。

6　白人としての人種意識を喚起する

提案一八七をめぐるフランシスの激しい反応は、ミドルアメリカン・ラディカリズムにかんするかれ自身の説明では十分に説明がつかない側面があるようにみえる。あらためて確認しておかなければならないことは、フランシスの想定しているミドルアメリカン・ラディカルたちは人種的に多様な存在ではまったくないということである。フランシスにとって「かれら」とは白人であることが当然視されており、その意味において大量移民をめぐる問題とは、エリートとアンダークラスに挟撃されるミドルアメリカンの苦境である一方で、それは、非白人の増加によってアイデンティティとこれまでの地位が脅かされている白人たちの存在そのものの危機でもあった。フランシスにおいてこのふたつの側面は、表裏一体のものだった[9]。

これらのことを踏まえたうえで、フランシスが一九九四年に『アメリカン・ルネサンス』の会合でおこなった講演を基にした「なぜ人種が問題なのか」という論考から、ミドルアメリカン・ラディカリズムを担う白人にたいするフランシスの訴えかけをみておきたい。

フランシスは、南アフリカを典型として歴史上はじめて、ある文明を創造してそれを保持してきた人種から別の人種へと「権力の平和的移譲」が進行しつつあると理解していた。ヨーロッパではそのような移譲は始まっておらず、おそらく非白人の移民の増加が現在よりもかなり進まないかぎりはそうした移譲は起きないだろうが、合衆国ではこの移譲はすでに進みつつあるとフランシスは主張した（Francis 2007: 7-8）。

そのような権力の移譲とはフランシスによれば、政治経済的なものであるというよりも、文化的なものだった。一九八三年にマーティン・ルーサー・キングの誕生日が祝日として法定化されたことは、その最初のもっとも重要な潮流の一例であるとフランシスはみなしていた。南軍旗の掲揚にたいする批判は言うに及ばず、アメリカの映画は今やきまって白人を悪者として描いている。警察を舞台としたドラマでは、白人の主人公の上司として黒人が描かれるのはいつものことであり、ポピュラー・カルチャーは非白人による白人の支配、あるいは反白人というテーマを人びとに日常的にもたらしている（Francis 2007: 9）。

フランシスは、白人の創りあげてきた「文明」にたいするまとまった長期にわたる攻撃はアメリカのなかで始まっていると理解していた。その攻撃は、文明を特徴づける政治、社会、文化の諸制度にたいしてだけでなく、その文明を創造した人種にも拡大されており、その攻撃の最終的な目的は、非白人の移民のさらなる流入と白人の出生率の低下によってもたらされる「非白人による白人およびその文明の支配と破壊」であるとフランシスは断言した（Francis 2007: 12）。こうした主張を踏まえるなら、提案一八七をめぐって、階級論的な考察を逸脱したフランシスの激しい反応がなぜ生

9　不法移民はアメリカのニュークラスにとって「天の恵み」であると指摘するブリムロウもまた、「血の河」演説で知られる英国の政治家、イノック・パウエルを引用しつつ、「アメリカ人たちは自分たちの国の人種のバランスにたいして正統な利害を有している」と主張している（Brimelow 1996: 232, 264）。

じたのかも、おそらく理解できるだろう。フランシスからすれば、安価な労働力という魅力に目がくらんだ白人エリートたちは、最終的には自滅をもたらす非白人の大量移民をアメリカに招き入れているということなのである。

それゆえに、リベラリズムは言うに及ばず、アメリカ的信条に忠誠を誓う者は誰であれアメリカ人になれるとみなす保守に耳を貸すことなく、「白人としてのわれわれ」がしなければならないことは、自分たちの人種的なアイデンティティならびに連帯の回復であり、「白人としての人種意識の分節化」であるとフランシスは力説した（Francis 2007: 14）。すなわち、フランシスにしたがえば、アメリカの白人たちは、自分たちの白人性に意味を見出すことを怠っているのであり、その意味において、「合衆国において白人は客観的には存在しているが、主観的には存在していない」のである。これこそが、白人たちが現在のアメリカで起きている「人種戦争」に敗北しつつある基本的理由であるとフランシスは主張した（Francis 2007: 15）。

二〇〇〇年の大統領選挙の際、共和党のジョージ・W・ブッシュも民主党のアル・ゴアもどちらもヒスパニックの有権者の獲得に躍起になっていると批判し、ヒスパニック・ブロックに対抗して白人もまた、ひとつの「人種ブロック」として投票することを学ぶべきであるとフランシスが説いたのも、こうした主張の延長線上に位置づけることができる（Francis 2002: 73-75, 112-114）。

以上のような明確な白人至上主義を確認するなら、ＫＫＫの幹部であったデイヴィッド・デュークが一九八九年、ルイジアナ州の州議会の下院選挙で当選を果たした際、デュークを州議会に選んだ白人有権者はミドルアメリカン・ラディカルたちの原型であると『クロニクルズ』のコラムでフランシスが熱烈に評したことの意味も明確になる（Francis 1997: 59-62）。フランシスは、ルイジアナの有権者たちは、ダン・クエールやジャック・ケンプやニュート・ギングリッチのような既存の共和党の政治家たちが忘れていたことをデュークが理解していたことをわかっていたと評した。すなわち「伝統的なアメリカ文化」を支持するという明白な立場を表明する候補者に、有権者たちの多くが魅力を感じたのだということである。このコラムでも、フランシスは自らの不満と鬱積を吐露するかのように、つぎのように書き記した。

> 高校や大学で、テレビや映画で、ヨーロッパとアメリカの伝統的な文化は、悪口を言われ、軽く扱われ、誤っていると覆され、脱構築されている。その一方で、白人の、キリスト教徒の、男性の、異性愛者は一貫して、犯罪者、専制君主、無能者、狂人として描かれている（Francis 1997: 61）。

このようにフランシスは、教育や文化の場面での不当な扱われ方にたいする反撃の機会を、白人の有権者たちはデュークのなかに見出したのだとみなしていた。

フランシスの議論を仮に拡張すれば、白人分離主義の議論へと至る可能性も想像できるかもしれない。しかしフランシス自身は、白人分離主義の方向性には否定的だった。フランシスは、白人がヨーロッパに移住することも、黒人がアフリカに移住することもどちらも現実的ではなく、また、仮に北米大陸のなかで分離を進めようとしても、労働力を求める白人とそれに応える非白人の存在、非白人の侵入を許さないような結束した人種意識を維持することの難しさ、北米大陸にはヨーロッパのような自然の障壁がないという地理的な要因等によって、分離主義は白人の人種が遭遇している危機の解決策ではないと結論づけている（Francis 2007: 19-23）。他方で、分離主義を支持している人びとのなかには、白人の優越に反対する分離主義のほうが、あからさまな白人優越主義よりも倫理的に望ましいと考えているひとたちがいるが、リベラルの前提に異議申し立てをせず、リベラリズムが確立した枠組みのなかで思考する分離主義は、ネオコンと同様の誤りを犯していると手厳しく述べている（Francis 2007: 24）。それゆえに分離主義という回避策に向かうことなくフランシスが求めたのは、すでに確認したとおり、白人たちが人種意識を自覚的に形成しつつ、文化的側面において白人の優越を回復することだった。フランシスはそれを、白人による「合衆国の再征服」と端的に表現しなおしている（Francis 2007: 26）。

かくしてフランシスの議論は、人種の側面においても、文化的へゲモニーをミドルアメリカン・ラディカルたちは奪取しなければならないという戦略へと貫流していくものであり、首尾一貫した政治戦略を提示するものだった。

7　愛国をめぐるヘゲモニー

ケネディやジョンソンの経営的カエサル主義を歴史的に批判したフランシスは、その早すぎた晩年に、湾岸戦争に引き続く、再度の中東への大規模な軍事介入を目の当たりにすることになった。ジョージ・W・ブッシュ政権のもとでのアメリカのアフガニスタンとイラクへの侵攻である。しかもこれらの侵攻は、湾岸戦争に引き続き共和党の大統領のもとでなされたばかりか、この侵攻を政権の内外で積極的に推し進めたのは、ネオコンたちだった。九・一一事件後、保守のなかでも軍事介入支持の声が圧倒的に高まるなか、ブキャナンらが二〇〇二年に『ザ・アメリカン・コンサーヴァティヴ』を創刊したことはすでに触れたとおりである。この雑誌はひろく反ブッシュの保守に誌面を開放した（Stanley 2012: 357）。だが、保守主義の内部においてヘゲモニーがネオコンたちに握られているのは、もはや明らかだった。

二〇〇三年の三月、イラクへの侵攻が開始された直後、『ナショナル・レヴュー』にデイヴィッド・フラムが「非愛国的保守たち」と題した論考を発表した。フラムは、ジョージ・W・ブッシュが前年の一般教書演説のなかで用いて大きな衝撃を世界的に与えた「悪の枢軸」という表現を練り上げた人物として知られており、政策形成に影響を与えていたネオコンたちのひとりだった。フラムはこの論考のなかで、ブキャナンを筆頭にして保守のなかで反戦を主張している一二名の者たちの名前と発言の引用を挙げ、かれらがテロを否定し、敗北主義を称賛し、さらには陰謀理論を広め、アメリカの敵の勝利を願っていると批判した。[10] フラムはこの論考の最後をつぎのような対決的な文章で締めくくっている。

かれらはネオコンサーヴァティヴたちを憎むことから始めた。かれらは次第に、自分たちの党と現在の大統領を憎むようになった。かれらはついには、自分たちの国を憎むに至った。戦争は偉大な浄化装置である。それは人びとに旗幟を鮮明にすることを迫る。ペイリオコンサーヴァティヴたちは選択をした——われわれもまた選択をしなければならない。危機の時期にあって、かれらは自分たちの国から背を向けた。だからわれわれは、かれらから背を向けよう(Frum 2003)。

フラムは、これまでもたびたび衝突をしてきたネオコンとペイリオコンとの対立を一気に表面化させる好機と捉えたかのようだった。

フランシスは急死を遂げる直前、フラムにたいする反論的な文章を書きあげていた。フランシスが亡くなった直後の二〇〇五年、二〇名以上の論者が寄稿して刊行されたアメリカのイラク侵攻を批判する論集に、その遺稿は掲載されている。この論集にはフランシスだけなく、ブキャナンをはじめとしてフラムから名指しで批判された者たちも多く寄稿している。

フランシスはこの遺稿のなかで、イラク侵攻とそれを後押ししたネオコンたちを批判している。

ブッシュ政権が戦争を正当化したもっともよく知られた主張は、イラクは大量破壊兵器を所持しており、アルカイダやその他のテロリスト集団とつながっているらしいというものだったが、これらの主張はほぼ否定されてきたことをフランシスはまず確認する。そして、こうした主張が政権や戦争の支持者たちが正当化に持ち出してきた唯一の議論ではなかったと述べている。フランシスによれば、事実に基づいた主張やそれが信頼できるかどうかとは関係なく、戦争支持の根底にあったのは、愛国主義はつねに戦争を支持するという仮定、言い換えれば、もしサダム・フセインと対決する今回の戦争を支持しないなら、その者の愛国主義は疑わしいという暗黙の仮定だった（Francis 2005: 151)。

フランシスは、フラムが一二名の論者たちを一括してペイリオコンとして名指ししていることの不正確さに反論することに紙幅を割いていくが、フランシスの反論の要点をまとめるならば、それは、シンクタンクや専門誌などに生息して、ゴールドウォーターやレーガンやブキャナンのような大衆的な支持を得ていなかったネオコンたちは、アメリカ民衆の愛国的感情——その根底にある九・一一事件が引き起こした怒りや不安——を操作することによって、「本当」の保守という資格を

10　フラムが名前を挙げたのは、ブキャナンとロバート・ノヴァクにくわえて、ロックウェル、フランシス、フレミング、スコット・マコーネル、ジャスティン・ライモンド、ソブラン、チャーリー・リース、ジュード・ワニスキー、エリック・マーゴリス、タキ・テオドラコプロスである。ブキャナンとノヴァクは有名だが、あとの者たちはそうではないとフラムが書いている。ここに挙がっているものたちが全員、ペイリオコンというわけではない。

手に入れただけでなく、それを利用して自分たちを批判する者たちの保守としての正統性を奪うことに成功したということである。

フランシスは、偽りの保守が大手を振って闊歩するのを可能にしている、暗黙の仮定を明らかにすることに遺稿の後半ではふたたび立ち返る。フランシスによれば、今日のアメリカでネオコンたちが反戦保守を非難しているのは、国家《ステイト》がおこなう戦争に異議を申し立てることは愛国主義の欠如であり、敵にたいして共感を示していることの証拠であるという仮定を前提にしている(Francis 2005: 156)。そのうえでフランシスが強く主張していることは、国家《ステイト》と国《カントリー》との峻別であり、「国《カントリー》への愛あるいは愛着」を重視する者たちと、「国家《ステイト》あるいは国家を操る権限をもっている者たちへの服従」を重視する者たちとのあいだに明白な一線を引くことだった(Francis 2005: 158)。

一九八〇年代以来、保守は文化戦争に勝てずにいたことを訴えてきたフランシスは、保守の内部における一九八〇年代以来の課題を遺稿のなかでつぎのように述べるに至った。


合衆国の「右派」の支配的な表現として一九八〇年代以来、ネオコンサーヴァティズムが出現して勝利を収めるにつれて、ナショナルなアイデンティティの保守主義は衰退を始めてきた。ネオコンサーヴァティヴが正統な愛国的感情を操作することに成功してきたことは、それ〔ナショナルなアイデンティティの保守主義〕の衰退の主たる理由だった(Francis 2005: 158)。

それゆえに、フランシスの遺志を仮に引き継ぐならば、アメリカにおける保守の真の復権は、リベラリズムに対抗するだけではなく、ネオコンのような行政国家に無批判に傾斜する偽りの保守にかわる、ナショナリズム——ただしそれは白人がヘゲモニーを握ったうえでのナショナリズムであるかもしれない——を引き受ける保守主義の再興なしには不可能ということになるだろう。フランシスの死後、こうした再興の方向性は忘れ去られるかにみえた。だがトランプの登場によって突如、フランシスが遺した展望はきわめて現実的なものとして姿をあらわすことになる。

＊

共和党の大統領予備選挙におけるトランプの躍進が注目を集め出した頃、あるいは二〇一六年にトランプが最終的に大統領選に勝利を収めた後、世界の警察官であることをやめるアメリカ・ファーストの外交政策、反グローバリズムの経済、非合法移民への断固たる態度というトランプの掲げた原則ときわめて類似した主張をかつて展開していた男がいたことを、一部の人びとは思い出していた。フランシスが望んだように、アメリカの保守主義はトランプの登場以降、ナショナリズムを再発見するかたちで着実に再編の道を進んできた。白人至上主義を内包したフランシスのミドルアメリカン・ラディカリズムとしてのペイリオ・コンサーヴァティズムは、ネオコンの復権を牽制するかたちで静かな影響力を不気味なまでに保ち続けている。

第6章
トランプに賭ける
傍流の反転攻勢

1　存在感を増してきた西海岸シュトラウス学派

二〇一六年の大統領選挙の際には幅広い保守の知識人たちが反トランプの立場を共有した。しかし当時、それと同じく注目されるべきことは、明確に親トランプを表明した一群の保守の知識人たちもまた他方には存在したということである。二〇一六年九月二八日付で、ウェブサイト『アメリカン・グレイトネス』上では、一二五名の学者や著述家たちがトランプ支持を表明した。[1] この署名者のなかには、元下院議長のニュート・ギングリッチやインターネット決済サービスを展開するペイパルの創業者のひとりであるピーター・ティールの名前もあった。反トランプの二二名の署名者のひとりだった『ファースト・シングズ』誌のR・R・レノは、二〇一六年五月の段階で自分は反トランプに反対であると宣言して立場を微妙に変化させ、『アメリカン・グレイトネス』の署名者の列にも加わっていた。

この署名者たちのなかで特記すべき名前として、チャールズ・R・ケスラー、ジョン・マリーニ、ケン・マスギ、アンジェロ・M・コードヴィラ、エドワード・J・アーラーらを挙げることができる。かれらの共通点は、西海岸のクレアモント研究所にかかわっている、あるいはこの機関が発行している『クレアモント・レヴュー・オブ・ブックス』に寄稿している点にあった。クレアモント研究所は、第4章で取り上げたジャファが長らくフェローとして在籍した研究機関であり、ここに名前を挙げた知識人は、ジャファの影響を何らかのかたちで受けた者たちだった。クレアモントの関係者としては、ヒルズデール・カレッジの学長を務めるジャファの弟子であるラリー・P・アーンも署名者のひとりである。西海岸シュトラウス学派に連なる者たちは、親トランプの論陣を張った知識人たちの中核を成したと言ってよい。

本章では、このような西海岸シュトラウス学派の知識人たちのトランプ支持を規定している現状認識の構図を描き出すことをつうじて、親トランプの保守たちが企ててきたトランプ登場後の保守主義の再編を扱う。そのうえで本章後半では、トランプ以後の保守主義がみせているナショナリズム的転回について、カナダから帰化したF・H・バックリーや、アメリカで高等教育を受けたイスラエルの知識人であるヨラム・ハゾニーらの主張に焦点を当てる。

1　ウェブサイト『アメリカン・グレイトネス』http://amgreatness.com/2016/09/28/writes-scholars-for-trump/（最終閲覧日二〇二〇年一〇月六日）

マイケル・アントン

2　「ユナイテッド航空九三便」としての二〇一六年大統領選挙

クレアモント研究所が若き保守の育成のために設けているプブリウス・フェローのひとりにかつて選ばれジャファの謦咳に接した、西海岸シュトラウス学派のひとりマイケル・アントン（一九七〇―）は二〇一六年九月、当時はみずからの本名を明かさず、プブリウス・デキウス・ムスというペンネームを用いて「ユナイテッド航空九三便としての選挙（The Flight 93 Election）」（Anton 2016）を『クレアモント・レヴュー・オブ・ブックス』のウェブサイトに発表した。[2] ユナイテッド航空九三便は、九・一一事件の際にハイジャックされた四機のうちの一機であり、コクピットを奪還しようとした乗客たちの活動によって、ハイジャック犯は目標への突入を断念して当機を墜落させたと推測されている。乗客たちの決死の試みは英雄的な行為として讃えられている。

デキウスことアントンは、この事件に二〇一六年の大統領選挙を重ね合せた。コクピットを強襲するか、それとも座して死ぬか。いずれにしても死ぬかもしれないが、しかしコクピットの奪取を試みなければ死は確実である。ヒラリーが大統領になることは自動小銃でロシアンルーレットをするに等しい。他方でトランプの場合は、少なくともシリンダーを回転させたうえでチャンスはある。

アントンはこのようにウェブ上で発表した論考の冒頭で主張した（Anton 2019: 61）。アントンが、トランプを理想的な候補者として諸手を挙げて支持していないことは明白だった。しかし現下の状況において、アメリカの保守はトランプを支持する以外の選択肢を有していないということが、この論考から切実に伝わってくることも確かだった。

デキウスことアントンによれば、アメリカの保守は少なくともここ一〇年近くにわたって、「アメリカと西洋」が悪い方向に向かっている可能性を受け入れることを嫌がる一方、アメリカという政治体が罹っている病害をただただ述べ立てることに終始することで、結局のところ現状維持の番人になってきた。かれらは「われわれは断崖に向かっている」にもかかわらず、進路を変えて崖を避ける必要の切迫さを感じていないとアントンには思われた（Anton 2019: 63）。

トランプはあまりにも多くの点で従来の保守主義の正統から逸脱している。だが、選挙戦の核となっている課題に目を向ければ、トランプの選択は驚くほどに適切だとアントンには映っていた。すなわちトランプ主義とは、かつてフランシスが主張した経済的ナショナリズムであり、アメリカ・ファーストの外交政策であり、なによりも、メキシコ国境に壁を建設するとの発言のとおり国境の安全だった。これらをすべて結びつけて論じることのできている共和党の候補者は、アントンには他に見当たらなかった。

2　本書ではのちに書籍に収められた（Anton 2019）を参照する。

「大量移民の神聖さはアメリカの支配階級と知識階級とをつなぐ神秘的な紐」であるとアントンは書いている（Anton 2019: 71）。アントンは今日のアメリカの支配階級のことを、世界経済フォーラムの年次大会であるダボス会議になぞらえて「ダボス階級」（Anton 2019: 68）と呼び、グローバル経済から利益を得ているかれらやその議会での代弁者たちは、安価な労働力を求めて移民の受け入れを続けていることを非難した。ただし、アントンによれば、民主党が移民を受け入れているのは自分たちに有利な潜在的有権者を増やそうしているというだけでなかった。そうしているのは「アメリカの本質的に人種差別的で邪悪な性質は、さらなる大いなる多様性によってのみ償うことができるというアカデミズムと知識人の嘘」を信じているからだった。つまり、アメリカの建国は初発から問題をはらんでおり、のちの人びとによって克服されなければならないという考えの蔓延が状況の根底にはあるとアントンは理解していた。それにたいして保守は、「人種差別」という批判を恐れて反論に及び腰になっているとアントンには思われた（Anton 2019: 71-72）。

こうしたなかで、唯一トランプだけが現状維持という保守の惰性を打ち破る政治指導者として姿をあらわした。まさにトランプは、アメリカの保守が陥っている愚かな状況を終わらせるためにあらわれたのだとデキウスには思われた。

そう、トランプは不完全よりもさらに悪い。だからどうしたと言うのか。われわれは、自分たちの時代の根本的な諸課題に取り組むことのできる、あるいはもっと重要なことだが、それらの諸課題をつなぎ合わせることのできる偉大な政治家の不在が終わるまで嘆き続けることもできる。(…) 道化と思われているトランプだけが、三つすべて〔貿易、戦争、移民〕と、それらの本質的なつながりを理解しただけでなく、それらに基づいて〔候補者レースに〕勝つことができたのである。かくして、この道化と思われている者は、あれほどまでにかれに激しく反対したわれわれの賢くかつ善き者たちの誰よりも賢慮がある——さらには実際に賢い (Anton 2019: 72-73)。

デキウスことアントンがトランプにたいして「賢慮」という言葉を用いているのは、ある種のブラックジョークであるとみなす読者もいたかもしれない。だが、明らかにトランプ個人に軽蔑の念をこめつつも、アントンは文字どおりの意味で、トランプには賢慮があると述べているようだった。アントンが実際に念頭に置いていたかは別として、かれの師であるジャファが、晩年の著作のなかで賢慮についてつぎのように述べていたことを思い出すことは、西海岸シュトラウス学派の人びとの思想と行動を理解する鍵になる。

賢慮とはある望ましい結果や目的をもたらすために、特定の時間と場所のなかにある特定の状況の出来事に影響を及ぼそうとする能力である。それはまた、成功は不可能であり高貴なる失敗が唯一の合理的な代替物であるということを時に応じてわれわれに語る徳でもある (Jaffa

2012: 23)。

この最後の一文は、アントンを含めた西海岸シュトラウス学派のトランプ支持をあらかじめ予期していたかのようだった。トランプを支持することは、成功ではなく失敗に自分たちを導くかもしれない。だがその失敗は、すくなくとも高貴さを帯びたものになりうる限り、かれらはそこに賭けなければならなかった。それはトランプ自身が卑俗であるということとまったくもって両立することだった。

いずれにせよアントンにとって、反トランプを標榜するなら、それはおのずから親ヒラリーの受容を意味するほかなく、その行き着く先は「経営者たちによるダボス的リベラリズム」の支配がアメリカを覆いつくすことに他ならなかった(Anton 2019: 76)。

ジャファの古くからの友人として、アントンと同様に西海岸シュトラウス学派の一員であるアーラーもまた、ワシントンDCに巣くっている支配エリートたちへの嫌悪を同時期に表明していたが、そのアーラーにとって、既存の支配エリートたちの言論上の武器になっているものこそ、多様性を全面的に肯定する「ポリティカル・コレクトネス」の主張だった。二〇一六年一〇月二五日付で『クレアモント・レヴュー・オブ・ブックス』のウェブサイト限定記事として、アーラーは「ポリティカル・コレクトネスを打ち破る最後の機会か?」という論考を掲載し、すべての候補者のなかでトランプだけが、正面きってポリティカル・コレクトネスを攻撃する勇気をもっていたがゆえに、かれの異端ぶりに人びとは熱狂的に反応しているのだと書いた（Erler 2016）。

アーラーにとって、ポリティカル・コレクトネスを利用してきたという点では民主党の政治家たちだけでなく共和党の政治家たちも同様だった。その点で、ニューライトにとって偉大な達成だったレーガン政権も罪から免れられるものではなかった。アーラーによれば、一九八〇年の大統領選挙でレーガンはジョンソンがはじめたアファーマティヴ・アクション（積極的格差是正措置）を終わらせることを約束したにもかかわらず、かれの政権はそれを実行しなかった。それは、あまりにも多くの共和党の政治家たちが、人種に基づく給付制度は共和党にマイノリティの支持をとりつけるものになるとみなしたからだとアーラーは主張している。エリートとマイノリティの結託という絵図を見出す点で、アーラーは「サンドウィッチ戦略」の存在を主張したペイリオコンのフランシスと歩調を合わせている。

こうした観点に立つアーラーにとって、大統領選挙戦の最中にトランプから飛び出したさまざまな暴言や失言は、リベラルな人びとやメディアとはまったく異なってみえていた。たとえばトランプは、詐欺であると訴えを起こされた、みずからの不動産学校、いわゆる「トランプ大学」をめぐる訴訟を審理した連邦地裁判事のゴンザロ・クリエルを、二〇一六年に「メキシコ人」と呼んで非難を受けた。この発言をめぐってアーラーは、司法に多様性をもたらすという明確な政治的目的のもと、オバマ政権において任命されたヒスパニックのクリエル判事によって、メキシコとのあいだに壁をつくることを選挙の公約としているトランプが公正に裁かれることを期待できるのだろうかと読者に問いかけた。アーラーは、トランプの発言が引き起こした超党派の非難が証明したのは、司法の中立性や法の支配はポリティカル・コレクトネスに屈しろということだと主張した。

多様性を何物にも代えて優先するポリティカル・コレクトネスが、アメリカがこれまで守ってきたものを掘り崩しているという現状認識は、アーラーにとって移民や難民をめぐる連邦政府や既存の政治家の考えにも当てはまるものだった。オバマにとって、シリアやその他の国々からの難民を受け入れることはアメリカにとっての義務であり、アメリカは多様性に開かれているということを証し立てることに比べれば、無差別な受け入れによって生じる安全保障上のリスクは許容範囲である。アーラーのみるところ、ヒラリー・クリントンもまたオバマを継承して、シリアの難民受け入れはアメリカにとってポリティカル・コレクトネスの試金石であると考えている。

それにたいして、トランプが大切にしたいと考えている人びとは、なによりもまずアメリカの市民であり、かれらの市民権にとって不可欠なものこそ国境であるとアーラーは主張した。ヒラリーが理想とする世界が国境なき世界であるとすれば、それは市民なき世界をもたらすことになり、ひいてはそれは、政治が行政によって置き換えられた世界を招来させることになるというのがアーラーの主張だった。

アーラーにしたがえば、権利と自由は独立宣言の言葉を使うなら「〔他の国民から〕分離した平等な」国民のなかにのみ存在するのであり、それらは帝国や世界秩序のなかに存在することはできない。世界市民は矛盾した無意味なものであって、「普遍的特殊」と言うことに等しいとアーラーは断言している。アーラーは、友人のジャファの師であるシュトラウスにとって批判的な対話者だったアレクサンドル・コジェーヴの概念を援用しつつ、欧州連合をアメリカにとって悪しき手本とするかたちで、ポリティカル・コレクトネスと行政国家の結託を警告している。

普遍同質国家は、被治者の同意に敵意をもつ僭主制へと不可避的になるだろう。暴力事件を報道した際にイスラム教徒の加害者の宗教的アイデンティティを明らかにしたとして、英国メディアの人種差別と不寛容を欧州委員会が最近非難したのはその一例だが、それは今日の欧州連合のように、行政の訓令に統治される、選挙で選ばれていない官僚たちによって支配されるものになるだろう（Erler 2016）。

以上のようなアーラーの主張は、トランプの登場によってはじめて着想されたものではなかった。アーラーはウェストやマリーニといった西海岸シュトラウス学派の仲間たちとともに、クレアモント研究所の研究成果として二〇〇七年に刊行した著作のなかですでに、ペイリオコンのフランシスとまったく同じ論理であるが、行政国家は福祉プログラムのクライエントの増大という点で移民の拡大から利益をあげてきたと批判していた。そのうえでアーラーは、今日の移民政策をめぐる議論のなかで欠けているものは、憲法とそのなかに含まれている諸々の原理への忠誠を含めたアメリカ的な生き方を、移民は自分のものにすることが期待されるべきなのか、それとも否かという視点であると主張していた（Erler, West and Marini 2007: 13）。

「ポリティカル・コレクトネスを打ち破る最後の機会か？」のなかで、アーラーは一見したところ「被治者の同意」を重視しているようにみえるものの、その重視の背後にはアメリカの建国の原理の擁護が控えているという点で、アーラーはジャファの教えを着実に守っていた。そのアーラーにとって、憲法のなかに書き込まれている原理よりもポリティカル・コレクトネスが優先されつつある現状に歯どめをかけようとしているのが、まさにトランプだった。

かつてジャファは、シュトラウスが『自然権と歴史』の序論で触れている「万人は平等に創造されている」という独立宣言の核心をふたたび見出したリンカンの復権、のちにはロックと建国の父祖たち自身の復権に取り組むことで、西洋の危機の回避とその再生は、アメリカの原理の回復にかかっていることを示そうとした。アントンやアーラーのようなジャファの弟子や友人たちにとって、アメリカの建国の原理を乗り越えるべきものとみなすリベラリズムの終極の形態、つまりポリティカル・コレクトネスの際限のない進撃をくいとめる存在として、トランプは姿をあらわした。それゆえにかれらにとって、いかにこのトランプが不完全極まる人物だとしても、冷戦が終わった後もアメリカ国内においてなお続く、内なる西洋の危機を回避するためには、どうしても賭けなければならない存在として映ったのである。それは、たとえその賭けが高貴なる失敗に終わるとしても、である。多様性の大義のもとでアメリカの原理を駆逐しようとする、ポリティカル・コレクトネスという革命に抗する反革命の陣営を整えることが、かれらにとっては急務だった。

3 「アメリカは移民たちの国ではない」

匿名を捨てたアントンはトランプ政権の発足後、国家安全保障会議の戦略的コミュニケーション担当次官補としてこの政権を裏で支える立場となった。しかし、ジョン・R・ボルトンが国家安全保障担当の大統領補佐官として着任する前日、二〇一八年四月八日付でアントンはその職を辞した。アントンは辞職後、ヒルズデール・カレッジの付属機関であるカービー・センターに講師として籍を置き、著述活動に軸足をふたたび移している。

アントンが精力的に論陣を張っている争点が移民をめぐる問題である。この問題はジョージ・W・ブッシュ政権時代、九・一一事件後の二〇〇〇年代半ばから、アメリカ合衆国を二分するイシューとして急速にせりあがってきた。トランプ政権誕生後も、不法移民の家族引き離しに象徴されるトランプのゼロ寛容政策は、共和党の内部からも強い批判が出る賛否を引き起こした。

アントンは二〇一八年七月の『ワシントン・ポスト』に「市民権は出生地主義に基づくべきではない」という論説を発表した。このなかでアントンは、「合衆国で生まれ、あるいは帰化し、それによって合衆国の司法権に服するすべての者は合衆国の市民であり、かつその者が居住する州の市民である」と規定した修正第一四条に基づいて、アメリカの地理的境界の内部で単に生まれたというだけでその市民権を自動的に付与するという考えは、不条理である――アントンによれば歴史的にも、憲法上も、哲学的にも、実際上もそうである――と主張して議論を呼び起こした。アントンは、出生地主義に基づく市民権は大統領が決断しさえすれば、大統領令によってすぐに停止できると主張した。なお、実際にトランプ大統領は二〇一八年一〇月、大統領令によって出生地主義に基づく市民権を廃止する意向を明言している。ただし、トランプ政権はその後も、この大統領の意向を実行するには至っていない。

アントンによる出生地主義に基づく市民権批判は、かれの独創的議論というわけではもちろんない。出生地主義に基づく市民権を批判する議論は、すでに以前から提起されてきたものであるだけでなく、オバマ政権がアメリカ国外で生まれたヒスパニックの若者の国外退去に猶予を与える、いわゆるDACAプログラムを発表した際に、出生地主義に基づく市民権の付与をやめるべきであるという議論は、すでに保守のあいだから出ていた。また、アントン自身がこの論説のなかで言及しているとおり、前節で触れた西海岸シュトラウスの他の知識人たちであるアーラー、ウェスト、マリーニがすでにこれを論じていた。

アントンはこの論説のなかで、修正第一四条は一八五七年のドレッド・スコット判決によって否定されていた黒人たちの市民権を解決するためのものであり、その後のこの修正条項の広範な適用は、意図的な誤読がもたらしたものであると主張した。アントンにしたがえば、移民推進論者たちに唆されてきたアメリカの政治家たちは、「司法権に服する」という文言を「アメリカの法律に服する」という意味に拡大して捉え、修正条項によって権利が正当に付与される解放された奴隷のみならず、本来的にはその資格がない、アメリカに不法にやってきた移民たちの子どもにも市民権を与えてきた。
そのうえでアントンはつぎのように言及するのであるが、それはかれの論説の主張のなかで、もっとも論議を呼んだ箇所となった。

この条項の起草者のひとりであるミシガン選出の上院議員、ジェイコブ・ハワードは「外国人ないしは異邦人である、(あるいは) 外交官や外務大臣の家族の一員である、合衆国で生まれた者」を、この修正条項は市民権から明確に排除していることを明言している (Anton 2018c)。

この文中の「(あるいは) ([or])」は、アントン自身による挿入である。アントンは、このような語句の追加をおこなうことによって、ハワードの発言の意図はより明確になると主張した。だが、こうした挿入は端的に恣意的で誤りであり、ハワードはただ単に、外交特権を有している外交官ないしは外務大臣の子弟がアメリカで生まれた場合、その子弟はアメリカの市民権を得ることはできないと明言したのだという反論が、アントンには即座になされた。
しかしアントンにとって、そのような反論はおそらく最初から眼中には入らないものだった。アントンは「アメリカの父祖たちと同様に、この修正条項の起草者たちは、出生地主義に基づく市民権は本質的に自己矛盾をきたしていることを理解していた」と述べたうえで、つぎのように自説を展開した。

近代世界において正しい政府は、社会契約、すなわち自由な市民たちのあいだで自由に交わされる同意に基づいている。そのような契約の射程と権威は、その条件に同意するとともにその構成員資格が他のすべての市民を構成する者たちに同意される、そのような者たちにのみ適用される。その既存の構成員たちの意向に関係なく誰でも参加できる契約は、契約ではない。トランプ大統領が好んで言うように、「境界がなければ国はない」(Anton 2018c)。

アントンにとって出生地主義に基づく市民権は、被治者の同意という考えを脅かす者たち、すなわち不法移民とその子どもたちをアメリカに招き入れてしまうものだった。それゆえに、そのような考えを理解し、かつ擁護する者であれば、出生地主義に基づく市民権の付与に反対するのは当然のことであるとかれには思われた。

この論説の後半に至ると、アントンの主張はより直接的なものになっていった。アントンはアーラーの言葉を借りて、出生地主義に基づく市民権は「不法移民を引きつける大きな磁石」であると主張した。アントンによれば、この磁石は世界の貧しい人びとだけでなく、中国やメキシコのような徐々に豊かになりつつある国々からも不法移民をアメリカに引きつけてしまっている。とくに、妊娠している中国人観光客に向けて宣伝されている「マタニティ・ホテル」をアントンは例に挙げ、他国の人間たちが修正第一四条という「われわれの愚かさ」を利用するのは驚くべきことではないとしても、われわれアメリカ人が、自分たちの法律が無視され自分たちの市民権が毀損されているのを許しつづけているのは驚くべきことであると締めくくっている。

以上のような出生地主義に基づく市民権批判から浮かび上がってくる論点は、アントンはアメリカを一体どのような国として、あるいはどのような国であるべきとして考えているのかということである。この点について、『ワシントン・ポスト』の論説の発表直前に、西海岸シュトラウス学派の関係者によって運営されているウェブサイト『アメリカン・グレイトネス』にアントンが七月二日付で発表した別の論考「アメリカは全人類の共通財産ではない」が示唆的である。

この論考は、ネオコンの知識人として知られ、オバマ政権の外交政策を批判してきただけでなく、トランプ不支持をも表明してきたブレット・スティーブンスが、六月二一日付で『ニューヨーク・タイムズ』に同紙のコラムニストとして寄せた「われわれの本当の移民問題」という論説に応答したものだった。スティーブンスはこの論説のなかで六つの論点を提示して、アメリカが今後ともより多くの移民を受け入れていく必要があることを主張した。[3] スティーブンスにしたがえば、移民反

3　スティーブンスの提示する六つの論点はつぎのような内容である。①アメリカの出生率は記録的な低水準であり、これは日本が陥っているのと同じ経済の衰退の予兆である。②アメリカは高齢化している。移民反対に抗することが日本と同様の運命を避けるために必要である。③多様な産業での労働力不足が指摘されている。④田舎や小さな町の多くはひとがいなくなりつつある。⑤合衆国における移民の割合は他国と比較してとくに大きなものではない。⑥移民たちは生粋のアメリカ人よりも良い市民である。より起業家精神に富み、教会に通い、婚外子が少なく、犯罪もおこさない。

対は「愚鈍な者たちの保守主義」であり、アイデンティティを有徳さと取り違え、与えられている権利を能力と取り違え、地理的位置を道徳的価値と取り違えている。「移民たちの国《ネイション》において、それ〔移民反対〕はアメリカ的ではない」とスティーブンスは断定している（Stephens 2018）。

それにたいしてアントンは、スティーブンスのようなネオコンは、もはやネオコンの看板にも値せず、その浅はかな主張の内容からして「ナイーヴコン」と呼ぶのがふさわしいと反論したうえで、とくにスティーブンスの最後の論点である、移民は生粋のアメリカ人たちよりも優れているという主張について、それは優れた移民を受け入れるかわりにアメリカ生まれの劣った人びとは出ていけと言わんばかりの主張であり、トランプ支持者たちへの憎悪の表明であると激しく反発した（Anton 2018b）。

そのような反論の過程でアントンが主張したのは、アメリカは移民たちの国であるというアメリカをめぐる自己規定である。アントンは、歴史的な意味と理論的な意味の二つの意味において、アメリカは移民たちの国ではないと断言する。アントンにしたがえば、アメリカは移民たちの国ではなく、「植民者たちの国《セトラーズ》」であり、植民者はゼロからアメリカを立ち上げるべく、先に触れた『ワシントン・ポスト』の論説で述べられていたような社会契約を交わしたのである。移民と呼ばれる人びとは、植民者たちによってすでに立ち上げられたアメリカ、すなわちすでに社会契約が取り交わされた国に後から参加することを望む別の範疇の人びとであり、その人びとの受け入れを認めるのかそれとも認めないのかは、アメリカの市民たちが慎重に判断すべきことである（Anton 2018b）。

この論考のタイトルが端的に示しているように、アメリカは、先人たちの努力を解さないような人びとを無差別かつ無批判に受け入れるような、そのような全人類の共通財産ではないというのがアントンの主張だった。

4 「共和主義労働者党を建設せよ」

アントンによる「いずれにしても何故、われわれはこの国にさらに多くの人間を必要としているのか」は、前節で考察したかれの翌月の議論に先行する論考である。この論考は、移民の受け入れに肯定的な民主党を批判したものだが、そのような批判のなかでアントンは、左派は低所得の有権者たちをすべてではないにしても騙して、自分たち低所得者の利益が「ウォールストリートやシリコンヴァレーの新興企業家たち」の利益と一致していると思わせようとしていると批判している(Anton 2018a)。アントンに言わせれば、さらなる移民は結局のところ、安価な労働力を求める大企業と自分たちに投票してくれる潜在的な有権者を求める民主党の利益のためのものでしかない。このように、アントンにしても、あるいは先にみたアーラーにしても、親トランプ支持の保守たちは、不法移民をめぐる状況の背景に特定の層の利益の存在を読みとっている。

「行政国家」によって意図的にアメリカの階級的分裂が強化されてきたと主張するのは、トランプ支持を明確に打ち出しているばかりか、トランプ・ジュニアのスピーチライターやトランプの政権移行チームの一員も務めた知識人、F・H・バックリー（一九四八―）である。カナダ生まれのバックリーは、マッギル大学で教鞭を執った後、ヴァージニア州のジョージ・メイソン大学に赴任し、二〇一四年にアメリカに帰化している。[4]

バックリーは、二〇一八年に刊行された『共和主義労働者党《リパブリカン・ワーカーズ・パーティ》――いかにトランプの勝利は皆を怒らせたか、そして何故それはわれわれに必要だったか』のなかで、「アメリカが異なる階級に分割されていると理解し、現在は革命のときであると考えているかぎりにおいて、わたしはマルクス主義者である」と自己規定したうえで、「右派マルクス主義者」という呼称を自らのものとして受け入れている（Buckley 2018: 13）。

そのバックリーによれば、今日において「アメリカの貴族制」をつくりだしているのは「立派な資格をもったリベラルなエリートたち」であり、このエリートたちのことをバックリーはニュークラスと呼んでいる。ネオコン第一世代が戦後に台頭してきた専門職を批判的に規定するために用いたニュークラスの概念は、その内実が時代に即してアップデートされつつ、バックリーのような親トランプの保守に引き継がれてきた。

バックリーにしたがえば、ニュークラスはプロバスケットボール選手やハリウッドスターのような、上位〇・一パーセントあるいは〇・〇一パーセントの超金持ちではない。かれらは平等主義的で、自力で出世したのであり、人びとともかれらが金持ちであることをとくに恨んだりはしないとバックリーは言う。ニュークラスとは、「残りの上位一〇パーセント、年収二〇万ドル以上を得ている専門職」のことであり、リベラルな信念をもち、発言が社会的に承認され、ポリティカル・コレクトネスからの逸脱を恐れてジョークを言うことが決してないような人びとのことである（Buckley 2018: 3）。かつてネオコン第一世代にとっては敵対文化の担い手として捉えられたニュークラスは、親トランプの保守にとってポリティカル・コレクトネスの担い手として読み替えられている。

アントンが重視する移民問題は、バックリーにとってアメリカの流動性の低下と結びつけられて語られている。バックリーはかつての母国であるカナダを例に引き、アメリカをもっと流動的な社会にしたいのであれば、カナダを参考にした移民制度改革をおこなうべきであることを提案している。カナダでは、求められている職種や学歴、語学力等をポイントに換算し、それによって移民の申請が可能かどうかを判断する「ポイント制度」が実施されている。このポイント制度はカナダに、アメリカに来る人びとよりもスキルがあり、ずっと早く同化する移民をもたらしているとバックリーは指摘している（Buckley 2018: 81）。

バックリーにしたがえば、こうした制度の導入を妨げているのはニュークラスである。なぜならわれわれの現在の移民制度は、高いスキルをもった移民との競争からニュークラスを守っている一方で、同時にもっとも豊かなアメリカ人たちに安価なメイドと庭師を与えるものになっているからである。バックリーの構図が前提としているのは、現在の移民制度は不法移民とニュークラスの利

4　なお、F・H・バックリーは、バックリー・ジュニアとは血縁関係はない。

益にかなう一方、大多数のアメリカの人びとにとっては不利益をもたらすものであるにもかかわらず、ニュークラスが自らの階級利益を守るために、問題の多い移民制度を温存しているという理解である。この温存を可能にしている装置こそ、バックリーにとっては行政国家だった。

バックリーによれば、ニュークラスは行政国家をつかって不公平なルールを人びとに押しつけ、それによってアメリカから流動性を奪っている。アメリカの社会から流動性を奪っているニュークラスは、まさにかつての貴族のように君臨しているというのが、バックリーの描く構図である（Buckley 2018: 43）。

こうした構図からすれば、まさにヒラリー・クリントンはニュークラスを代表する大統領候補だった。実際にバックリーは、ヒラリーとトランプとの戦い、ならびにヒラリーにたいするトランプの勝利を「反革命的で貴族的なニュークラスのリベラルな候補者が、社会的流動性への道をもたらす革命的な資本家に負けた」と形容した（Buckley 2018: 3）。ここでは貴族的なニュークラスのリベラルな候補者ことヒラリーが、反革命的な存在として描かれている。すでに権力の座にトランプが就いた現在、革命と反革命の配置は右派マルクス主義者を自称するバックリーにとって、今や逆転しているということだろう。

バックリーに言わせれば、行政国家は上位一〇パーセントの人びとを政府職員として直接雇用し、あるいはまた、弁護士、ロビイスト、エコノミストとしてかれらを間接的に雇用し、それ以外にもさまざまな専門家やコンサルタントとして、かれらが行政国家の周囲で利益を得られるようにしている。バックリーはそのようなニュークラスの利益にかなう行政国家を「ニュークラスがそのなかに住んでいるイバラ」であると表現している（Buckley 2018: 83-84）。この行政国家を打ち壊す存在こそ、バックリーにとっては「沼をきれいにする」と人びとに語ってきたトランプ大統領であり、そのトランプのもとで再出発すべき共和党だった。

ヒラリーに勝利したトランプが、アメリカの社会的流動性を回復するためにもたらそうとしているものは、バックリーによれば、まずなによりも人びとへの雇用であり、それを可能にするための前提となる共和党の再編、具体的には労働者のための新しい政党の創出だった。バックリーはそのような再編されるべき共和党の姿を「共和主義労働者党（The Republican Workers Party）」と呼んだ。その党の基本綱領はこうである。

> 共和主義労働者党は、縁故資本主義に反対するという点でリバタリアン的であるだろうが、本当に必要としている人びとへの福祉政策という点で経済的にはリベラルである。共和主義労働者党は、アメリカ人の福祉と外国人の福祉とのあいだに無関心なグローバリズムを拒否するナショナリストたちの党であるだろう。共和主義労働者党は、雇用創出の大統領に率いられる雇用創出の政党である（Buckley 2018: 14）。

民主党ならびにリベラルをニュークラスとして批判するバックリーが、経済的にはリベラリズムを肯定していることは注目すべき点である。ただし、この経済的リベラリズムは、グローバリズムに対抗するためのナショナリズムによって外枠を規定されている点は見落とすことができない。ニュークラスと行政国家に牛耳られたアメリカを取り戻すべく、トランプ政権誕生を契機に共和党を共和主義労働者党として再生させることを求めるバックリーにとって「共和主義労働者党はナショナリストであり、反ナショナルなグローバリズム、すなわち民主党と昨日の共和党の開かれた国境を拒絶する」ものだった（Buckley 2018: 70）。

ナショナリストはすべてのアメリカ人との連帯の感覚をもち、すべての同胞市民の福祉を推進することを求めなければならない。バックリーは、アイデンティティの政治に拘泥する民主党は狭量であると批判しつつ、ナショナリストは平等主義的でなければならないと主張している。バックリーは、オルトライトの白人至上主義やブラック・ライヴズ・マターのような単一のエスニシティに重きを置く左右のラディカルな動きは、エスニック・ナショナリズムであると批判するとともに、人種や性的オリエンテーションに基づいて、ある一定のアメリカ人を二級市民にするようなナショナリズムも、きわめて反アメリカ的であると批判している。

以上のようなバックリーの主張に端的にみられるように、トランプの登場以降、アメリカの保守主義においてナショナリズムは、保守のなかで急速に思想的な力を帯びつつあった。

5　ナショナリズムの美徳

トランプ大統領は、二〇一八年一〇月二二日にテキサス州ヒューストンでおこなった支持者向け集会のなかで、自らをナショナリストであると公言した。トランプは自分の国のことをあまり大事に思わない者のことをグローバリストと言うと前置きし、われわれはそうではないと聴衆に語った。そして、「ちょっと時代遅れになったが」とつけ加えたうえで「わたしはナショナリストである」と語り、大きな拍手を浴びた。[5]

トランプのこの発言を踏まえ、直後にマスメディア、とくにリベラルなマスメディアでは、トランプに批判的な意見が出された。具体的には、ナショナリズムという用語は、ホワイト・ナショナリズムやナチズムのような思想を呼び起こしてしまう危険があるということが指摘された。あるいはそこまでいかずとも、ナショナリズムは、ある国民的な価値をともに共有しない人びとを下位に置く傾向があるということが指摘され、いずれにしてもトランプ大統領はこの言葉を使うべきではなかったという批判が出された。

それにたいして、アメリカのメディアにおいてトランプの発言を擁護し、ナショナリズムはけっ

5　「トランプ大統領、「ナショナリスト」の肩書を受け入れる」https://edition.cnn.com/2018/10/22/politics/ted-cruz-election-2018-president-trump-campaign-rival-opponent/index.html（最終閲覧日二〇二〇年一〇月六日）

して危険な思想ではないとの論陣を張った知識人のひとりが、イスラエル在住のシオニストであるヨラム・ハゾニーである。

ハゾニーは一九六四年、イスラエルに生まれた。アメリカで高等教育を受け、プリンストン大学で学んだ後、ラトガース大学で学位を取得している。ニューヨーク生まれの極右活動家であるラビ、メイル・カハネの影響を強く受けていることを明らかにしている。アメリカでアカデミズムには残らず、イスラエルでアメリカ型のシンクタンクをつくることを構想して帰国したハゾニーは、一九九四年にイェルサレムにシャレム・センター（Shalem Center）を設立している。ネタニヤフのインナーサークルのメンバーとなり、リクードとのパイプをもつと言われているだけでなく、ハンガリーの政治家、ビクトル・オルバンとの交流もある。現在は、イスラエルにある、テオドール・ヘルツルの名前を冠したユダヤ思想の研究教育機関であるヘルツル研究所（The Herzl Institute）の代表を務めている。

ハゾニーは、アメリカの仲間たちとともに二〇一九年の一月に「エドマンド・バーク財団（The Edmund Burke Foundation）」を設立している。議長はハゾニーが務めているが、総裁にはデイヴィッド・ブログが就いている。ブログは、一九九九年から二〇〇一年にかけてイスラエルの首相を務めたエフード・バラックのいとこにあたる人物であり、プリンストン大学を卒業後、ハーヴァード大学のロースクールで学んでいる。ペンシルヴァニア州選出の上院議員で二〇一二年に亡くなったユダヤ系のアーレン・スペクターのスタッフを長く務めた経歴をもつ。それだけでなく、ジョン・ヘイジーが全国議長を務めるクリスチャン・シオニズムの団体、クリスチャンズ・ユナイテッド・フォー・イスラエル（Christians United for Israel）の事務局長を務めており、アメリカにおけるクリスチャン・シオニストの代表的人物のひとりである。

この「エドマンド・バーク財団」が組織としては中心となって、「ナショナル・コンサーヴァティズム」にかんする会議が二〇一九年から二〇二〇年にかけて開催されてきた。[6] 二〇一九年の七月にアメリカのワシントンＤＣで開催された会議は、ひと際規模の大きいものとなり、キーノート・スピーカーとして、ボルトン、タッカー・カールソン、ミズーリ州選出のジョシュ・ホーリー上院議員、ピーター・ティールが招かれた。四二名が報告者として参加し、そのなかには本章で登場したレノ、アントン、バックリーにくわえて序章で触れたデニーン、あるいは一九九七年から『ナショナル・レヴュー』の編集人を務めているリッチ・ロウリィや、『ヒルビリー・エレジー』の著者として日本でも知られるＪ・Ｄ・ヴァンスも含まれる。

ハゾニー自身の主張は、二〇一八年に刊行された『ナショナリズムの美徳』のなかで詳しく展開されている。その主張を端的に示すならそれは、人類が用いることのできる最善の政治秩序原理は独立した国民国家であり、各々の国民国家は相互的な精神的絆という紐帯によって確立されるとい

6　「ナショナル・コンサーヴァティズム」ウェブサイト https://nationalconservatism.org/（最終閲覧日二〇二〇年一〇月六日）

うものである。

ハゾニーのナショナリズム論の第一の特徴は、ナショナリズムを帝国主義との対比のなかで一貫して考察するという図式を採用している点にある。ハゾニーが念頭に置いている帝国主義は、マルクス主義が想定しているような一九世紀末から二〇世紀にかけての資本主義の発展段階としての特定のそれとは異なり、ユダヤの聖書に立脚した歴史的射程の長いものである。[7] すなわち、エジプト、バビロン、アッシリア、ローマ帝国、さらには神聖ローマ帝国、オーストリア＝ハンガリー帝国、イギリス帝国から、冷戦後のふたつの「帝国主義的プロジェクト」であるとハゾニーがみなす、欧州連合とアメリカ的世界秩序までを含んでいる。そのような普遍的秩序を掲げる帝国の出現は西洋の歴史の始まりからある一方、帝国とは実際にはきわめて抑圧的なものであったがゆえに、「他の独立したネイションとの境界の内部に住む、ひとつのネイションの独立に基づいた政治秩序」という別の理想が、同時に西洋では構想されてきた。この後者の理想を幾多の困難のなかから学んだのが、ハゾニーにしたがえばユダヤの民であった（Hazony 2018: 17-19）。

ハゾニーのナショナリズム論の第二の特徴は、あらゆるナショナリズムが帝国主義に抗するものとして等しく肯定的に扱われているわけではなく、ある特定のナショナリズムに高い価値が置かれている点にある。すなわち、ハゾニーが高く評価しているナショナリズムは、プロテスタンティズムのもとで形成されてきたアングロ・アメリカのナショナリズムである。ハゾニーは、プロテスタントの構想のなかにある二つの原理、すなわち「国民の独立」と、「正統な政府にとって最低限の聖書的道徳」を高く評価し、これこそが保守的ないしは伝統的な観点であると述べている。[8] そのようなプロテスタントの構想に端を発するもののなかでもっとも重要なのが、ジョン・フォーテスキュー、ジョン・セルデン、エドマンド・バークらのなかに見出せるような、アングロ・アメリカンの保守的な伝統である。ハゾニーが列挙するのは、制限された執行権、個人の諸自由、聖書に基づいた公共宗教、他国と比較して英国とアメリカの穏健な政治的生活にきわめてしばしば貢献した歴史的経験主義である（Hazony 2018: 54）。

ハゾニーのナショナリズム論の第三の特徴は、ナショナリズムを構成する単位の一定の開放性に注意を払っている点である。たとえば、シナイ山で十戒を受け入れたもののなかにはエジプト人もいたことに触れつつ、イスラエルというネイションは、親から子に受け継がれる歴史、言語、宗教の共有された理解に基づいているのであって、人種や生物学とは関係がないと論じている（Hazony 2018: 20）。

ハゾニーはナショナリズムの核として構成員の相互的な精神的絆を強調し、それが育まれる政治

7　ハゾニーの定義にしたがえば、帝国主義とは「ある単一の政治体制のもとで、できるかぎり多くの人類が統合されることによっては、世界に平和と繁栄がもたらされることを求める」ものである（Hazony 2018: 3）。

8　ハゾニーはロックに端を発する「リベラルな構想」の代替として、ネオ・カトリシズム、ネオ・ナショナリズム、保守的ないしは伝統的観点の三つを設定し、前のふたつの立場はどちらも代替にはならないと主張している。ハゾニーにしたがえば、ネオ・カトリシズムはリベラルな帝国主義を結局のところ支援するものになり、ネオ・ナショナリズムにとってリベラリズムにかわる唯一の代替は権威主義である（Hazony 2018: 51-53）。

秩序の礎石として家族――およびその延長としての一族――を重視する。ただしハゾニーは、家族は自分たちのあいだで生まれたのではない子を養子として受け入れることができるし、実際にそのようにしていることに触れている（Hazony 2018: 66-67）。あるいはまた、「同様に諸国民は、外国生まれの諸個人や家族だけでなく、かつては外国人であったが、もはや外国人とはみなされない一族をまるごと養子として受け入れる」ともハゾニーは言及している（Hazony 2018: 70）。すなわちこれは、今日的な言い方に沿えば、相互的な精神的絆を結びうるかぎりにおいての移民の受け入れをハゾニーは否定しないということである。

最後に、ハゾニーのナショナリズム論の特徴として挙げられるのは、かれの一貫した宗教的観点からの議論が最終的に念頭に置いている、イスラエルの建国から捉えることのできるナショナリズムの意味である。これはホロコーストならびにアウシュヴィッツの経験からナショナリズムはどのように理解されるのか、あるいは理解すべきなのかという問いと、ハゾニーにおいては分かちがたく結びついている。

この点にかんして、ハゾニーの議論が根底に有しているのは、国民国家の形態を捨てて欧州連合を形成するかたわら、パレスチナをめぐってイスラエルをしばしば批判する、今日のヨーロッパならびにヨーロッパのリベラルな知識人たちにたいする不信感である（Hazony 2018: 200）。ハゾニーはトマス・クーンのパラダイム概念を援用しつつ、アウシュヴィッツから得られるナショナリズムをめぐる歴史的教訓が、ユダヤ人とヨーロッパ人とで両立不可能なまでに正反対のパラダイムであることを述べる。ユダヤ人にとって、アウシュヴィッツの意味とは「ユダヤ人たちは自分たちの子どもを守る方法を見つける努力を怠った」ということである。そこから得られた結論は、唯一の防壁はイスラエル建国、すなわち国民国家——ならびに国民皆兵——を自らがもつことであった（Hazony 2018: 203）。それにたいして、ヨーロッパ人が得た結論は、ドイツ国民に生殺与奪の権力を与えるのは誤りであること、すなわち国民国家を放棄して、単一の国家間政府を樹立することだった（Hazony 2018: 204）。ナショナリズムこそが解決策であると考えるユダヤ人と、ナショナリズムこそが問題であると考えるヨーロッパ人の両立不可能な見解の相違にたいするいら立ちが、ハゾニーの著作の根底には存在している。

それゆえに、従来であれば時代遅れとみられたかもしれないハゾニーのナショナリズム擁護は、国民国家が歴史的には過去のものになりつつあると考える「リベラルな国際主義者たち」からイスラエルを守り、独立した国民国家への賛意を有する人びととの結束を求め、かつ高めようとするものであると言える（Hazony 2018: 222）。冷戦後にユニラテラリズムの外交方針をしばしば採り、ヨーロッパのリベラルから批判的まなざしを向けられてきたアメリカは、ブレグジットに進む英国とならんでハゾニーにとっては多くの友人たちがいる国である。とくにアメリカについては、アメリカ的世界秩序の野心からようやく離れつつあるようにみえるトランプ政権の現在、ナショナリズムという理念をより一層共有する好機が来ていると、ハゾニーにはみえているかもしれない。

*

その後、ハゾニーの著作に触発されるように、アメリカではナショナル・コンサーヴァティズムを擁護する著作が相次いで刊行されてきた。代表的なものは、『ナショナル・レヴュー』のロウリィによる『ナショナリズムを弁護する』(二〇一九年)と、『ファースト・シングズ』のレノによる『強い神々の帰還』(二〇一九年)である。

このふたつの著作はいくつかの共通点を有しているが、なかでも挙げておきたいことは、ワルシャワ蜂起のモニュメントを背にして、二〇一七年にトランプがワルシャワのクラシンスキ広場でおこなった演説に、どちらの著作も肯定的に言及している点である。トランプはこの演説で、テロリズムと過激主義から西洋文明を防衛する必要を唱えた。トランプは、「文明」ないしは「われわれの文明」という表現を演説のなかで一〇回も用いつつ、ワルシャワ蜂起の英雄たちを念頭に置いて、西洋は愛国者たちの血によって守られたと述べた。また、一九七九年に当時の教皇、ヨハネ・パウロ二世が故国であるポーランドを訪問した際に、共産主義体制下のポーランド民衆が熱狂的に教皇を迎え、「われわれは神を欲す」と叫んだことを念頭に、トランプは「ポーランドの民、アメリカの民、そしてヨーロッパの民は今なお、「われわれは神を欲す」と叫んでいる」と演説した。

ロウリィはこの演説を踏まえて、「トランプは国民的アイデンティティと主権の復権に、(この表現をふたたび用いて恐縮だが)西洋世界がひろく向かっていることを明確に表現している」(Lowry 2019:

こ）と述べ、レノは、開放性《オープンネス》の名のもとに人びとを故国喪失《ホームレスネス》の状態へと追いやってきた戦後コンセンサスを打破するものとして、トランプによる国民の再強化の訴えを位置づけた（Reno 2019: 131-132）。

とくにロウリィの著作は、これまで本章で論じてきたアントンやハゾニーの主張と多くの点で共通した議論を展開している。「帝国主義的プロジェクト」のひとつとして欧州連合を批判するハゾニーと同様に、ロウリィは、欧州連合を西洋の自治にとってもっとも大きな脅威であると指摘し、ブレグジットは適切な応答だったとアメリカの知識人として賛辞を記している（Lowry 2019: 60-61）。これにくわえてロウリィは、古代イスラエル人は偉大な宗教だけでなく、ひとつの国民を創造し、しかもかれらはその後の長きにわたる離散にもかかわらず国民の範型としてあり続けたと主張することで、ハゾニーに追随している（Lowry 2019: 70）。アメリカの知識人としてこのように記すことは、親イスラエルのメッセージを明確に発信することでもある。ロウリィはまた、英国の国民は、ヨーロッパの国民国家形成においてもっとも重要であると主張する点でも、ハゾニーと共同歩調をとっている（Lowry 2019: 84）。

ロウリィの共同歩調はハゾニーとだけにとどまらない。ロウリィは、アメリカは移民たちの国ではなく植民者たちの国であると主張することによって、アントンと一致した主張をおこなっている（Lowry 2019: 101-102）。その一方でロウリィは、公民権運動におけるマーティン・ルーサー・キングの勝利をナショナリズムの達成であると位置づけ、その延長線上で、移民にたいして寛大だったことを認めたうえでもなお、「アメリカをふたたび偉大にしよう」というスローガンをトランプと共有する存在としてレーガンを肯定的に描いている（Lowry 2019: 175-178）。この点でロウリィは、ペイリオコンのフランシスのような立場とは一線を引いているといえる。

二〇一六年の早い段階で、トランプ批判を掲載した雑誌の編集人と、そのトランプ批判の共同宣言にかつて名前を連ねたひとりが、ともにナショナル・コンサーヴァティズムを肯定する著作を発表しているという点に、トランプを転回点としてアメリカの保守主義思想の再編がいかに生じてきたかを見出すことができる。戦後アメリカの保守主義の主流を長く担ってきた『ナショナル・レヴュー』の編集人までも思想的転回を遂げさせるほど、ナショナル・コンサーヴァティズムの席巻は今日において著しい。アメリカの保守主義の思想的再編は現在、なお進行の途上にある。

終章
戦後保守主義再編の選択肢

1　中産階級の復興を求めて

本書は、序章にて二〇一六年のトランプの登場が戦後アメリカの保守主義にとって不可逆的な転回点となったことに触れたうえで、バックリー・ジュニアらのニューライトから出発して、戦後アメリカの保守主義の形成と展開を時系列的に追いかけてきた。この終章では、二〇二〇年の大統領選挙の結果がどのようなものになるにせよ、これまでの章では触れていない点も加味しつつ、ポスト・トランプをみすえたアメリカ保守主義再編の今後について考察する。

アメリカ保守主義再編の今後という点と関連して、アメリカの保守的なニュースチャンネルであるフォックスニュースの人気番組『タッカー・カールソン・トゥナイト』のアンカーである、タッカー・カールソン（一九六九—）に触れておく必要があるだろう。カールソンは、トランプ政権誕生後、リベラルたちを激しく批判し、トランプの擁護の先頭に立って保守の世論に大きな影響を及ぼしてきた。カールソンは、アメリカの保守主義再編の最先端に立つ新世代の保守メディアの代表的人物であり、仮にトランプが表舞台から退いた後も、トランプによってもたらされた不可逆的な保守の再編を今後とも牽引していく可能性が高い。そのカールソンは、第6章で触れたハゾニーらナショナル・コンサーヴァティヴたちの会合にも参加しており、緊密な関係をかたちづくっている。ただ、同じく第6章で触れたマイケル・アントンと同様にカールソンもまた、トランプに必ずしも心酔してきたわけではなかった。カールソンは、『愚者たちの船――いかに利己的な支配階級は、アメリカを革命の瀬戸際に追いやろうとしているか』と題された自著のなかで、トランプをつぎのように評している。

> トランプは低俗で無知かもしれない。しかしかれには、アメリカの指導者たちが生み出してきた多くの災厄に責任はなかった。トランプはイラク侵攻をしていないし、ウォール街を救済もしなかった。金利をゼロにまで引き下げることもしていないし、国境を開放することもしていないし、製造業が崩壊して、中産階級が死んでいくのを座視してもいない。トランプが大統領としてなにをするかはわからなかったとしても、以上のことをかれがしていないことは確かだった（Carlson 2018: 3）。

タッカー・カールソン

トランプの人格に問題があることは、カールソンにとっても言うまでもないことである。そのうえで、アントンがそう言ったように、カールソンにとっても、だからそれがどうしたのというのか、ということだった。既存の政治的エリートが犯してきた数々の誤りからトランプが自由であるという点だけをとっても、トランプに賭ける価値はカールソンにとって十分にあった。

これまでの政治家たちの諸々の誤りをつうじて、アメリカは着実に変容を遂げてきたとカールソンには思われた。アメリカに「賢慮と責任のあるリーダーシップ」が必要なまさにその時、支配階級はこれまでよりも間抜けになり、偏狭になっているとカールソンは書いている（Carlson 2018: 6）。諸々の変容のなかでも、とくにカールソンにとって深刻なこととして思われたのは、中産階級の衰退だった。一九六九年生まれのカールソンにとって、一九八〇年代のアメリカはとても平等な国にかつてみえた。それが数十年のなかで格差は想像を絶するほどに広がった。金持ちたちは空港で特別な列に並び、ホテルの特別なフロアに泊まり、特別席からイベントを観戦し、異なる学校に通い、異なる食べ物を食べるようになっている。「突如、アメリカに新しい階級制度《ニュー・クラス・システム》があらわれている」（Carlson 2018: 7）とカールソンは記している。

カールソンのみるところ、こうした状況から民主党は目を背けている。かつて、収入の不平等は民主党の中心的な関心だったにもかかわらず、労働者階級にとっての党だった民主党は、完全に方針を変えてしまった。民主党の基盤は富裕層になり、この党の優先順位は、ワシントンやニューヨークやシリコンヴァレーの「進歩的な専門職たち」の優先順位をいまや映し出しているとカールソンは批判している。

四〇年前であれば、民主党は中産階級の衰退をめぐって選挙に出て、勝っただろう。いまやこの党は、アイデンティティ政治、中絶、気候変動のような抽象的な環境への関心についてしか語らなくなっている（Carlson 2018: 7）。

カールソンの主張の重要な点は、だからといって今日の共和党が自動的に支持するに足る政党であるわけではないということである。企業にとっての党である共和党は、貧富の格差について語るのを拒否してきた。アメリカの貧困層は、国際的な水準からみれば十分に豊かであると共和党は主張するが、貧困は相対的尺度であり、貧困の放置が社会の安定性を破壊することを理解していないとカールソンは痛烈に批判している。

しかも、カールソンによれば、そうした不安定さは移民のとめどない流入によってますます加速してきた。民主党は自分たちへの得票を増やすために、共和党は安価な賃金で働く者を求めている、自分たちに献金をしてくれる企業のために、それぞれそうした流入を加速させてきた。つまり民主党も共和党も、どちらも支配階級のための利益を追求しているという点では、同じであるということである。かくして、アメリカを牛耳っている新しい支配階級の推し進める革命的な動きに抗することが、カールソンには必要だと思われた。そしてそれが、並み居る共和党の既存の政治家たちを打ち破り、トランプが共和党の大統領候補となり、さらにはヒラリー・クリントンという民主党の大統領候補を打ち破った理由だったとみえていた。

こうしてみるとカールソンの保守主義は、支配階級の仕掛けている革命に抗する、という立場を採る点で、「反革命」と本書が呼んできた戦後アメリカの保守のあり方を継承していると言える。ただし、西海岸シュトラウス学派やペイリオコンと同様に、カールソンもまた、融合主義のほころびのなかで高まってきたポピュリズムを受け入れ、それを積極的に広めてきた。

これにくわえて『愚者たちの船』のなかでカールソンは、イラク侵攻を含めたアメリカの対外侵攻の誤りに触れ、その延長でネオコン第二世代の代表的論者であるウィリアム・クリストルを強く批判している。カールソンからすれば、イラク侵攻の総括をきちんとしていないばかりか、中東への積極的な介入をアメリカにいまだに促そうとしているクリストルは、過去からなにも学んでいないと言わざるを得なかった（Carlson 2018: 119）。カールソンをペイリオコンに分類して良いかは留保が必要だが、第5章でフランシスの保守主義思想を跡づけるなかで触れた、ネオコンとペイリオコンとの対立をつうじてもたらした論点や構図は、新しい世代の論者たちを巻き込みつつ、ポスト・トランプにおいても継続される可能性があるだろう。

2　リフォーミコンの伸張はあるか

これまでの章では触れることができていなかったものの、二〇〇〇年代にはネオコンとペイリオコンの対立の表面化と並行して、もうひとつ重要な保守の潮流の動向があった。それは、穏健な中道右派を目指す保守の知識人たちの動きである。代表的論者は、ライハン・サラームと、『ニューヨーク・タイムズ』紙のコラムニストであるロス・ダウザットであり、サラームとダウザットは二〇〇八年に、共和党を汎エスニックな労働者階級の支持を得られる政党に変えていく必要を訴える本を出版した（Douthat and Salam 2008）。『ナショナル・アフェアーズ』誌を二〇〇九年に創刊したユヴァル・レヴィーン、あるいは二〇二〇年に「アメリカン・コンパス」という団体とウェブサイトを立ち上げたオレン・キャスを含め、中産階級や労働者のための政策を保守の側から提起しようとする保守たちは、「リフォーミコン」と呼ばれる。

共和党の支持層の拡大を視野に入れた、政策的議論を重視するリフォーミコンの主張は、のちの親トランプ支持の保守と共通点を持ちつつも、親トランプ保守によるポピュリズム的な激情の動員を前にして、しばらく存在感が希薄になってきた。ただ、キャスによる「アメリカン・コンパス」の立ち上げは、ポスト・トランプにおける保守のさらなる再編を視野にいれたものであり、リフォーミコンの動向もまた今後、無視することはできない。たとえば、サラームは二〇一八年にも移民問題にかんする著作を発表しており、第6章で触れたバックリーと共通した問題関心をもちつつも、また別の方向性を示している。サラームは、ニューヨーク市のブルックリンでバングラディッシュ移民の子どもとして生まれ、地元のスタイヴサント高校からコーネル大学を経てハーヴァード大学に進んだ経歴を有する。『ナショナル・レヴュー』の編集者を務めたのち、保守系の都市政策シンクタンクであるマンハッタン研究所の所長を務めている。

ポリティカル・コレクトネスの核にある多様性との全面対決を示す、第6章のアーラーのような西海岸シュトラウス学派の論者とは異なり、サラームは、ある社会内で「集団間の極端な不平等」が生じなければ、多様性は特段問題にはならないと主張する。ただし、アメリカの現状は、大卒専門職という「特権的な集団」と、ほとんどあるいはまったく交渉力をもたない不安定な労働者階級とに分断されてしまっており、しかもエスニシティの観点からみれば、非ヒスパニックの白人人口が近い将来マイノリティになるなか、恵まれた集団の人口規模は恵まれない集団のそれと比較して相対的に縮小しつつあるために、恵まれない集団からの異議申し立てにたいして、恵まれた集団はますます自分たちの地位を守ろうと必死になってしまっている（Salam 2018: 26-27）。それゆえにアメリカは現在、危険なかたちに分割された社会になりつつあるとサラームは警鐘を鳴らす。

それではどのようにしてアメリカは社会の分断を回避することができるのか。サラームによれば、それは「合衆国を中産階級のメルティングポットとしてつくりなおすことによって」である。これが達成されることによって、今日の移民たちの子孫は多人種的なメインストリームのなかに包摂されるとサラームは主張している（Salam 2018: 27）。

サラームは、異人種間結婚やその他の文化的な交わりが、エスニシティの境界をそれが意味をなさなくなるまでにあいまいにする「アマルガム化」という同化プロセスと、マイノリティ集団が隔離された社会的関係へと固定されてゲットー化してしまう「人種化」という同化プロセスとがありうることを指摘する（Salam 2018: 69）。サラームが説くのは、いかにして人種化のリスクを低減させつつアマルガム化を促進させ、「汎エスニックな中産階級」を創出するかである。

サラームによれば、ある移民コミュニティが小さく、しかも新たな到着者によってそのコミュニティのメンバーが大きく補充されることがない場合、そのコミュニティの移民たちは、アメリカ社会のなかに分散して溶け込んでいくことができる。それにたいして、ある移民コミュニティが大きく、しかも新たな到着者によってつねに補充がなされる場合、個別に隔離された集団の状況は維持されがちになる（Salam 2018: 74）。サラームは自分の出自である、かつて規模が小さかったニューヨーク市のバングラデシュ・コミュニティを例に挙げてこの点を説明している。

では、なにがアメリカにおいて今日、人種化のリスクを高めているのか。その原因としてサラームが挙げるのが、従来のアメリカの不法移民への寛容さである（Salam 2018: 81）。この寛容さが、中産階級のメルティングポットの形成を妨げる、低スキル移民の大規模な流入を妨げてきたとサラームはみなしている。低スキル移民へのアメリカ社会の寛容さが、不法移民と富裕層の双方にとって魅力的であってきた反面、アメリカ社会全体にとっては長期的にみて悪影響があることを、サラームは指摘している。

それゆえにサラームは、低スキル移民をすくなくともある時期において制限し、それにかわって高スキル移民をもっと受け入れる、スキルに基づいた移民制度への移行を提言する。それは豊かな専門職を競争に晒し、低スキルの労働者たちもさまざまな課題に直面することになるとはいえ、この移行がもたらしうる賃金上昇は、生産性を上げる方向へと雇用者たちを向かわせる。より選択的でスキルに基づくものになった移民制度は、平等主義的な経済、すなわち汚い仕事は機械がおこないつつ、労働者たちが中産階級の安定を享受するような経済をもたらすだろうとサラームは指摘している（Salam 2018: 28）。

サラームにしたがえば、リベラルは大量移民が誘発する人種差別や分極化を懸念する一方、移民を規制して流入のペースを抑えることは偏見に屈することになるという批判を避けようとして、現状維持の政策を逆に倍賭け的に推し進める「バックラッシュ・パラドクス」に陥りがちである。だが、移民に対する反感を防ぐ政策を採用することはけっして人種差別的ではないというのが、サラームの判断である（Salam 2018: 91）。こうした寛容さの逆説を指摘する議論はもちろん、多様性を積極的に擁護し、労働力としての移民の選別化を批判する左派の議論とは一線を画すものであるが、自分たちの理念実現を阻む側を敵として名指しするポピュリズム的な親トランプ保守とも距離を置くものである。

ポリティカル・コレクトネスへの徹底抗戦を掲げる保守が保守主義再編のヘゲモニーを主導しつづけるようであれば、リフォーミコンたちは保守のなかでマイナーな存在でありつづけることになるだろう。たとえばアンジェロ・M・コードヴィラのような、エスタブリッシュメントたちを「支配階級」と定位し、それにたいする民衆を「カントリー階級」と位置づける西海岸シュトラウス学派の論者は、保守とリベラルの価値観の相克を「冷たい南北戦争」と呼んでいる（Codevilla 2017）。「われわれ」と「かれら」という対立軸は、親トランプ保守のなかではきわめて根強い。親トランプ保守とは距離を置いてきた諸潮流（このなかには二〇一八年の『ウィークリー・スタンダード』誌の廃刊の後、『ブルワーク』というウェブサイトを立ち上げて再起を図っているウィリアム・クリストルらも含まれるだろう）、あるいはそうした潮流から助言を得ている共和党の政治家たちが、ポスト・トランプの状況のなかでどれほどの巻き返しを図れるかが、今後の保守主義再編のまた別の鍵かもしれない。

3　融合主義の再興は可能か

最後に、戦後アメリカ保守主義の主流のマニフェストとして長らく機能した融合主義について立ち返りたい。序章でみたように、デニーンのような新しい伝統主義者は、従来の融合主義を過去のものとして葬り去り、国際主義やリバタリアニズムと手を切ることを目指している。だが、従来の融合主義とは別様の、新しい融合主義の確立を求める声も他方にはある。新しい融合主義の確立を提起する論者として、たとえばコリン・デュエックを挙げることができる。

アメリカの対外政策の専門家であるジョージ・メイソン大学のデュエックは、アメリカン・エンタープライズ研究所の客員研究員でもあり、ハゾニーらナショナル・コンサーヴァティヴたちの会合で分科会の司会を務めるなど、みずからも保守主場の再編にかかわりをもっている[1]。

デュエックはアメリカン・エンタープライズ研究所のペーパーのなかで、本書でもこれまで言及したレノ、ハゾニー、ドレア、ダウザット、デニーンを新しい伝統主義者として分類している。本書では前節でダウザットをリフォーミコンとして扱った。ただしダウザットは、そもそも一九九〇年代の終わりにカトリシズムに改宗しているだけでなく、二〇二〇年に刊行した著作では、西洋が行き詰まりを迎えており、「持続可能な退廃」と呼びうる状況に陥っていると指摘するなど、主張の力点を近年ではより伝統主義に寄せつつある (Douthat 2020)。

なお、デュエックは中立的に新しい伝統主義者たちを検討しているわけではない。その主張が権威主義的であるという批判がリベラルの側から新しい伝統主義者たちに寄せられることにたいして、デュエックは、保守の目標追求のために平和的、合法的、民主的でない手続きにかれらが賛成している証拠はないと述べつつ、むしろかれら新しい伝統主義者たちからみれば、左派の政治こそが「新しい形態の独裁の危険」を帯びていると批判している。すなわち、多文化主義やアイデンティティ政治を、望まない人びとに押しつけることのほうが、よほど権威主義的であるとデュエックは反論している (Dueck 2020: 4-5)。

そのデュエックは、過去の融合主義に戻ることはもはやできないことを踏まえたうえで、従来のリバタリアニズムに替えて古典的自由主義と、デュエックが古典的保守主義と呼ぶところの伝統主義とを融合させる立場がアメリカの保守には必要であることを示唆している（Dueck 2020: 8）。しかし、これは実際にはいくつかの困難な課題を抱えていると言わなければならない。たとえばデニーンは、デュエックの代弁をよそに、権威主義的ポピュリストと言えるハンガリーのヴィクトル・オルバン首相と会談して意気投合している。[2] デニーンが、カトリシズムの教義に沿った国家の統治がおこなわれることを理想とするカトリック・インテグラリズムに共感していることも事実である。リバタリアニズムや、いわんやリベラリズムほどではないとしても、たとえ古典的自由主義であっても、ロックを批判してきたデニーンが歩み寄る可能性はきわめて低いのが実際だろう。これはハゾニーについてもあてはまる。

また、これはドレアにかんして言えることだが、ドレアのベネディクト・オプションという主張は、かなり悲観的な展望を前提としている。カトリシズム内部のスキャンダルをきっかけとして東方正教会に改宗したドレアは、社会の世俗化に終わりがみえず、信仰の価値が社会のなかでまったく顧みられていない今日、聖ベネディクトが中世の時代に自給自足的な共同体をつくり、そこで信仰を守ったように、自分たちもまた同じ志をもつ者たちで集まって宗教共同体をつくり、そのなかで生活して家族や子どもたちを守るべきであるというベネディクト・オプションという構想をとな

1　デュエックの著作として（Dueck 2019）がある。
2　「オルバン首相がアメリカの保守的な政治学者、デニーンと会談」https://hungarytoday.hu/orban-meets-conservative-us-political-scientist-deneen/（最終閲覧日二〇二〇年一〇月六日）

えてきた（Dreher 2017）。[3] そのような構想を温めてきたドレアにとって、かつての融合主義のように、多様な保守の潮流を運動のために大同団結させるという観点にはそもそもからして懐疑的だろう。デュエックは現実政治に保守が影響力を保持するためには新しい融合主義が必要であると考えており、それはたしかに首肯できるものの、伝統主義を唱える一団のなかからよほど積極的に新しい融合主義の思想的確立に乗り出す者があらわれないかぎり、融合の新しい論理は見定めがたいのが実際だろう。

では、かつて反共主義が、融合主義を強力に束ねる三本目の重要な脚になったように、古典的自由主義と伝統主義とを外から固める要素が新しくありうるだろうか。この点でありうる候補は、デュエックも示唆するように、中国にたいするアメリカの対抗、仮にこう言って良ければ、その内実が国家主義的統制にたいする反対になるような反中主義である。反共主義にかわる反中主義が、今後のアメリカの保守主義のなかで強固なものになるかどうかが、新しい融合主義が形成されるかどうかの鍵となる可能性はある。

実際にデュエックは、中国批判を展開したうえで、米中間の今後の競争のなかで、制限政府あるいは個人の自由といった「明確なアメリカ的な諸々の伝統」を忘れるべきではないという議論を展開している。そのうえで、アメリカの植民地においてはいかに自由への愛が強いものであるかをバークが語ったことに言及がなされたあと、デュエックは「現在のパンデミックが、中央集権的な政府を拡大するという恒久的かつ包括的な変化の口実として使われるかどうかという問題が、今後数か月のなかでますます大きくなるだろう」と述べている（Dueck 2020: 7）。民主党がすでに新型コロナウイルス感染症対策で政府の権限の増大を求めていることを引き合いに出しつつ、デュエックは、共和党はその方向へと進むべきではないということを強調している。

仮にアメリカ政府が今後、トランプ政権のもとでの関税戦争のように経済的な観点で中国と引き続き激しく衝突したとしても、アメリカ的価値ないしは西洋的価値に依拠して中国をけん制することに保守が全体として関心を向けなければ、伝統主義がリバタリアニズムとであれ古典的自由主義とであれ、中国批判を共通項にして一致団結することは難しいだろう。他方で、アメリカと中国との対立がアメリカ的価値ないしは西洋的価値をめぐる対立としても激化した場合、それが新しい融合主義の成立に影響を与える可能性は、今後ありうるかもしれない。仮にそうした事態が生じた場合、ネオコンの復権を含め、アメリカの保守の再編はさらにまた新しい展開を迎えるかもしれない。

以上の推論が仮に正しければ、戦後アメリカ保守主義の主流を支えてきた既存の融合主義へとふたたび回帰するという選択肢をとらず、新しい融合主義を模索するとなれば、その道はかつて以上に困難になる恐れがある。融合主義というものにそもそも頼る必要はないのだという議論も、大いにありうるだろう。その場合、運動としての保守主義が二〇世紀に勝ち得たほどの力を、二一世紀の運動としての保守主義が同じように得られるのかは、現段階ではまだ不確定である。

3　デニーンにくわえてドレアについても（井上 2020）ですでに触れた。

このように、トランプの政治的登場が従来の保守主義の再編を促す不可逆的な転機となったにしても、その再編は現在において完成していない。それどころか、再編の行く末はまだ十分にみえていないのが実際である。二〇二〇年の大統領選挙の結果がどのようになるのであれ、二一世紀前半のアメリカ保守主義思想は、なおしばらく模索の道を進むことになるだろう。

あとがき

本書は、二〇一七年から二〇二〇年にかけて発表した論考を着想の出発点にしてはいるものの、戦後アメリカの保守主義の思想史という、一般読者には馴染みの薄いアメリカの側面を扱うものであることに鑑み、登場する主要な知識人たちの伝記的記述を抜本的に追加するなどして、実質的に新たに一書として書き下ろしたものです。過去の論考にはわたしの理解不足による史実の誤りや、その後の情勢の変化によって厳密とは言えなくなった記述もあったため、それらは本書で訂正や修正をおこなっています。それでもなお、本書に残る不正確な記述や明らかな誤りにつきましては、御叱正を頂戴できれば幸いです。過去の論考はつぎのとおりです。

「トランプをめぐるアメリカ保守主義の現在――旗幟を鮮明にする西海岸シュトラウス学派」『法学新報』第一二四巻第一・二号、二〇一七年四月

「リベラリズムに背いて――ネオコン第一世代による保守主義の模索」『政治思想研究』第一八号、二〇一八年五月

「ドナルド・トランプに先駆けた男――サミュエル・T・フランシスのペイリオ・コンサーヴァティズム」『アメリカ研究』第五二号、二〇一八年五月

「秘教としてのロック、顕教としてのロック――シュトラウスのロック読解と戦後アメリカの保守主義」石崎嘉彦、厚見恵一郎編『レオ・シュトラウスの政治哲学――『自然権と歴史』を読み解く』ミネルヴァ書房、二〇一九年五月

「アメリカが内向きのナショナリズムを選ぶとき――出生地主義に基づく市民権と移民制度改革をめぐるアメリカ保守主義の変容」『国際文化学研究』第五二号、二〇一九年七月

「戦後アメリカ保守主義における融合主義の成立――フランク・S・マイヤーとマレー・N・ロスバードの思想的対立」『国際文化学研究』第五四号、二〇二〇年九月

二〇一四年から二〇一五年にかけて、わたしはテネシー州のノックスヴィルで在外研究をおこなう機会を得ました。アメリカの地を踏むのがずいぶんと遅くなってしまった自分にとって、アパラチアと南部の文化が交差する東テネシーは、アメリカのハートランドの過酷さと懐の深さの両方をその後も折にふれて教えてくれる場所になっています。

保守的な気風の土地では、たとえば日曜日の従軍牧師たちのラジオ座談会で、必ずしもキリスト教徒ばかりではない兵士たちの魂のケアをどのようにおこなうべきかをめぐる真剣な討論を聴くこともありますし、ダウンタウンからすこし離れた、キングストンパイク沿いの倉庫のような古本屋

で、ひさしぶりに再会した友人に大学卒業後は牧師になることを考えていると相談している学生を見たりすることもあります。そうした東テネシーを含めた、南部や中西部の諸州を訪れるたびに、東西のベイエリアとは異なる考え方の根強さを思い知らされてきたことは、アメリカの保守主義思想に正面から取り組むようになったひとつのきっかけでした。

とはいえ、二〇一六年大統領選でのトランプの当選がなければ、戦後アメリカの保守主義の思想史をたどる取り組みに実際に踏み出すことは、おそらくなかっただろうと思います。トランプの当選を予期することができなかった人間のひとりとして、トランプが勝利した原因の説明について実証的な政治分析の研究から学びつつ、知識人の言説の検討をつうじて、トランプの登場に至る過去の思想的な背景を理解する必要があることに遅ればせながら気がつき、トランプ政権のこの期間、集中的に研究を進めてきました。トランプを支持するという賭けに出た知識人たちが抱えていた焦燥感と、トランプの当選後に勃発した保守の陣営内部の仁義なき戦い――この戦いはいまだ終結していません――を考察することは、戦後アメリカの保守主義の変容だけでなく、アメリカ社会自体の変容の軌跡を理解することにつながるという思いを、本書を書き終えた今、あらたにしているところです。

緻密な歴史研究と、実証的な政治分析の狭間にあって、うち捨てられて久しくなっていたアメリカの思想史研究は近年、若い、新たな世代の担い手を得ることによって、活況を呈し始めています。ただ、そのような状況のなかでも、アメリカの保守主義思想の検討は、いまだ日本では十分になされていないのが実際です。保守主義の立場に自覚的に立つ方はもちろんのこと、保守主義に批判的な方にも、アメリカの保守主義思想に関心を寄せていただければと思わずにはいられません。かつてレオ・シュトラウスは、多元主義《プルーラリズム》を評して、それがひとつの主義《イズム》であるかぎり、多元主義もまた一元論《モニズム》であると書きました。アメリカの保守主義思想を、一顧だに値しない偏向と偏狭さの塊とみなすのか、それともそこから学ぶべきものがあるかもしれない、あるいはすくなくとも問題意識のすり合わせは可能かもしれない好敵手とみなすのかによって、みずからの拠って立つ立場を振り返る際の構えも、ずいぶん変わってくるように思います。

アメリカの保守主義思想の検討は、いまだ日本では十分になされていないと書きましたが、もちろんこれまでに、運動としての保守主義を概観した、参照されるべき先行研究は多く著されています。本書のなかでは直接的に言及していないものの、挙げておかなければならない代表的なものについて、手短ながらここにご紹介します。

佐々木毅『現代アメリカの保守主義』(岩波書店、一九八四年、一九九三年に改訂版が同時代ライブラリーに所収)と同『アメリカの保守とリベラル』(講談社学術文庫、一九九三年)は、戦後アメリカの保守主義について日本語で書かれた先駆的な研究として、今日なお参照される必要があります。副島隆彦『現代アメリカ政治思想の大研究――〈世界覇権国〉を動かす政治家と知識人たち』(筑摩書房、一九九五年、副題をタイトルとして一九九九年に講談社+α文庫に所収)は、著者自身がそう位置づけているように、政治評論家が考察の中心ではあるものの、本書が一章を割いて取り上げたジャファにもすでに言及がなされており、その先駆性は評価されるべきです。中岡望『アメリカ保守革命』（中公新書ラクレ、二〇〇四年）、会田弘継『追跡・アメリカの思想家たち』（新潮選書、二〇〇八年、二〇一六年に増補改訂版が中公文庫に所収）ならびに同『トランプ現象とアメリカ保守思想――崩れ落ちる理想国家』（左右社、二〇一六年）は、ジャーナリスティックな問題関心からアメリカの保守主義にアプローチしたもので、本書が十分に扱うことができなかった社会的背景にも目配りがなされています。これらにくわえて、運動としての保守主義を概観することのできる翻訳文献として、リー・エドワーズ著、渡邉稔訳『現代アメリカ保守主義運動小史』（明成社、二〇〇八年）があります。

＊

本書を書き下ろすのに先立って発表した論考の多くは、科学研究費補助金の基盤研究（C）「環大西洋保守主義思想の形成と展開――社会改革思想との競合の思想史的検討」（課題番号17K03541）の助成を受けています。この研究課題を遂行するために研究会に集ってくださった研究分担者ならびに研究協力者の方々との折々の議論や意見交換なしには、本書を書きあげることはできませんでした。相川裕亮、秋田真吾、池田直樹、石川敬史、井上司、小野田喜美雄、片山文雄、清川祥恵、野谷啓二、森達也をはじめとするみなさんに、この場を借りて感謝申し上げます。

青土社の加藤峻さんからお声がけをいただかなければ、本書が形になることはありませんでした。二〇二〇年の大統領選に刊行を間に合わせると決めてからの、そこからの強行軍とも言えるスケジュールのなか、多くの時間を割いて煩瑣な編集の労をとっていただきました。本当にありがとうございました。
末筆となりますが、最善の体制の探究と善き市民の育成のために、「極東」の地にシュトラウス学派を根づかせる礎を築いた飯島昇藏の魂に本書を捧げます。

アメリカ東部時間、ルース・ベイダー・ギンズバーグ逝去の日に
二〇二〇年九月一八日

井上弘貴

［著者］井上弘貴（いのうえ・ひろたか）
1973年東京都生まれ。早稲田大学大学院政治学研究科博士後期課程満期退学。博士（政治学）。自治体非正規職員、早稲田大学政治経済学術院助教、テネシー大学歴史学部訪問研究員などを経て、神戸大学国際文化学研究科准教授。専門は、政治理論、公共政策論、アメリカ政治思想史。著書に『ジョン・デューイとアメリカの責任』（木鐸社）、訳書にP・ギルロイ『ユニオンジャックに黒はない――人種と国民をめぐる文化政治』（月曜社、共訳）、J・ギャスティル、P・レヴィーン編『熟議民主主義ハンドブック』（現代人文社、共訳）など。

人名索引

あ行

アーマリ，ソーラブ　14
アーラー，エドワード・J　30, 228, 234-8, 240, 242, 245, 268
アーレント，ハンナ　159
アーン，ラリー・P　229
アイゼンハワー，ドワイト・D　64, 99-101
アウエルバッハ，M・モートン　81-5
アドラー，モティマー・J　45
アリストテレス　164, 168, 173, 184
アロン，レイモン　125
アントン，マイケル　30, 230-4, 238-45, 247, 253, 259, 263-4
ヴァンス，J・D　253
ウィーヴァー，リチャード・M　78
ヴィーレック，ピーター　79-80, 87
ヴィガリー，リチャード　152
ウィリアムソン・ジュニア，チルトン　196-7
ウィル，ジョージ・F　12-3
ウィルソン，ウッドロウ　45
ウィルソン，クライド・N　196-8
ウォレン，ドナルド・I　202
エヴァンス，M・スタントン　81-4, 89, 92
オークショット，マイケル　124
オニール・ジュニア，ユージーン　74, 164-5
オルバン，ビクトル　252, 273

か行

カーク，ラッセル　20, 22-3, 80-1, 85, 87, 94, 178, 196-7, 203
カークパトリック，エブロン・M　134
カークパドリック，ジーン・J　29, 112, 132, 135-9, 143-6, 173
カーター，ジミー　136-7, 154
カーマイケル，ストークリー　128
カールソン，タッカー　253, 262-6
カルフーン，ジョン・C　171, 182
ガルブレイス，ジョン・ケネス　204
ギャレット，ギャレット　98
キング，マーティン・ルーサー　154, 217, 259
ギングリッチ，ニュート　219, 228
クリストル，アーヴィング　29, 105, 112, 114-25, 129-33, 135-6, 139-42, 144, 146, 204
クリストル，ウィリアム・ビル　11-3, 195, 198, 266, 271
クリントン，ヒラリー　10, 236, 248, 266
クリントン，ビル　213
グレイザー，ネイサン　118, 132
ケアリー，ジョージ・W　89, 176, 180
ケーガン，ロバート　12, 195
ケスラー，チャールズ・R　151, 228

ケネディ，ジョン・F　205, 221
ケンドール，ウィルモア　27, 35, 39-41, 43, 58, 60, 63, 65, 89, 151-2, 157, 160, 173, 176-82, 190
コーエン，ヘルマン　156-7
コードヴィラ，アンジェロ・M　228, 271
ゴールドウォーター，バリー　28, 92-3, 101, 150, 152, 223
コジェーヴ，アレクサンドル　156, 237

さ行

サラーム，ライハン　267-70
ジャクソン，アンドリュー　94, 108
ジャクソン，ヘンリー・“スクープ”　136
シャピロ，マイアー　45-6, 51, 53
ジャファ，ハリー・V　30, 91, 150-1, 159-61, 163-5, 167-9, 171-91, 229-30, 233-4, 237-7, 280
シュトラウス，レオ　11, 30, 40, 85, 121-3, 150, 155-65, 168-9, 171, 173-7, 184-5, 188, 191, 228-30, 233-4, 237-8, 240, 243, 266, 268, 271, 277-8, 280, 282
シュラフリー，フィリス　152-3
シュラム，ウィリアム　62-4
シュレジンジャー・ジュニア，アーサー　123
ジョンソン，リンドン・B　93, 115, 135, 137, 170, 205-6, 221, 235
ジラス，ミロヴァン　114
スティーヴンソン，アドレイ　101
スティーブンス，ブレット　133
セルズニック，フィリップ　118
ソブラン，ジョセフ　197, 201, 223

た行

ダイアモンド，マーティン　160-1, 177
ダウザット，ロス　267, 272
タフト，ロバート　45, 64
チェンバース，ウィティカー　24, 29, 35, 42-57, 61-2, 64-5, 68, 77, 79-80, 86, 96, 101, 121, 123, 133, 151
チャーチル，ウィンストン　175
チョドロフ，フランク　93, 98
ティール，ピーター　228, 253
ディクター，ミッジ　137
テイラー，ジャレド　200
デニーン，パトリック・J　14, 16-9, 21, 23, 25-7, 73, 253, 271-3, 275
デューイ，ジョン　51, 53, 63
デューク，デイヴィッド　218-9
デュエック，コリン　271-5
ドラッカー，ピーター　204
ドラン，ジョン・“テリー”　152
トランプ，ドナルド・J　10-8, 24, 26-8, 30-2, 150, 161, 199, 202, 211, 225, 228-40, 242-51, 257-60, 262-4, 266-7, 270-1, 275-6, 277-9, 281
トリリング，ライオネル　45, 118, 120-1, 15-25-6, 140
トルーマン，ハリー　134
ドレア，ロッド　272-5

な行

ニクソン，リチャード　64, 133, 207
ニューハウス，リチャード・ジョン　153
ノイマン，フランツ　134
ノック，アルバート・J　38-9, 56-7, 63, 98, 278

は行

バーク，エドマンド　19-22, 80, 82, 85, 178, 252-3, 255, 274
ハート，ジェフリー　63
バーナム，ジェイムズ　27, 29, 35, 41, 65-9, 94, 114-5, 118, 135, 141, 151, 199, 203-4
バーリン，アイザィア　125
バール，アドルフ・A　55
バーンズ，ウォルター　160-1
ハイエク，フリードリヒ　78
ハウ，アーヴィング　117-8
パウエル，イノック　217
ハゾニー，ヨラム　31, 229, 252-9
バックリー，F・H　30-1, 229, 246-50, 253, 267
バックリー・ジュニア，ウィリアム・F　12, 17, 23-30, 34-9, 41-4, 55, 58-65, 69, 72, 79-80, 82-3, 92-3, 99-101, 114, 121, 146, 150-2, 197, 247, 262
バノン，スティーヴ　26-7
ハリントン，マイケル　133
ハロウェル，ジョン　87-8
ハンフリー，ヒューバート　135, 137
ヒス，アルジャー　43-5, 50, 56, 64, 79, 133
ヒンメルファーブ，ガートルード　120, 195
ファルウェル，ジェリー　154
フィリプス，ハワード　152
フェーゲリン，エリック　159, 176
ブキャナン，パット　197-8, 200-3, 209, 221-3
フック，シドニー　53, 66, 123, 135
ブッシュ，ジョージ・H・W　154
ブッシュ，ジョージ・W　10, 12, 20, 195, 218, 221, 223, 239
ブラッドフォード，M・E　176, 178-82, 198, 210
フラム，デイヴィッド　221-3
フランクリン，ベンジャミン　90
フランシス，サミュエル・T　25, 27, 30, 155, 196, 199-225, 231, 235, 237, 260, 266, 278
フリードマン，ミルトン　93
ブリムロウ，ピーター　197, 200, 217
フリン，ジョン・T　98-9
ブルーム，アラン　155, 161, 175, 184-6
フレミング，トマス　196-7, 223
ブログ，デイヴィッド　252
ヘイジー，ジョン　252-3
ベック，グレン　11
ベネット，ウィリアム　198, 207
ベル，ダニエル　117-8, 120, 132-3, 204-5
ボゼル，L・ブレント　58
ボゼル三世，ブレント　11
ホッブズ，トマス　40, 94, 173

ポドレッツ，ノーマン　29, 105, 112, 117, 124-9, 132, 136-7, 142-6, 195, 198
ボルトン，ジョン・R　239, 253

ま行

マイヤー，フランク・S　16, 20, 29, 31, 64-5, 72-9, 81, 83-96, 99, 104-9, 151-2, 164, 169-71, 173, 278
マクガヴァン，ジョージ　113, 133, 136-7
マケイン，ジョン　202
マスギ，ケン　228
マッカーシー，ジョセフ　58-62, 64, 69, 100
マッカーシー，ユージーン　12-3, 121-2, 137
マリーニ，ジョン　228, 237, 240
マルクーゼ，ヘルベルト　134
ミーゼス，ルードヴィヒ・フォン　99, 201
ミル，ジョン・スチュアート　87
メンケン，H・L　38, 98

ら行

ライアンズ，ユージーン　100
ライモンド，ジャスティン　98, 223
ラッシャー，ウィリアム・A　152
ラッシュ，クリストファー　26-7
ラフォレット，スザンヌ　63
ランド，アイン　72
リプセット，シーモア・マーティン　93, 118, 132
リンカン，エイブラハム　94, 150, 162, 165-79, 191, 198, 238
レヴィーン，ユヴァル　53-4, 56, 267
レーガン，ロナルド　11, 18, 136, 147, 154, 178, 195, 197-8, 207, 209-10, 223, 235, 260
レノ，R・R　13-4, 228, 253, 258-9, 272
ロウリィ，リッチ　253, 258-60
ローズヴェルト，セオドア　45
ローズヴェルト，フランクリン　56, 76, 94-5, 98-9, 170, 196, 201, 278
ロスバード，マレー・N　29, 38 61, 73, 86, 95-109, 115, 128, 196, 201, 278
ローゼンツヴァイク，フランツ　156
ロック，ジョン　40, 80, 159, 161, 173-6, 180-1, 184-5, 238, 255, 273, 278
ロックウェル，リュー　201, 223

わ行

ワイリック，ポール　152, 154

事項索引

あ行
新しいニューライト　24, 30, 34, 151-3, 160-1, 183
アファーマティヴ・アクション　235
『ザ・アメリカン・コンサーヴァティヴ』　14, 201-2, 221
『アメリカン・マーキュリー』　38, 41, 79
『アメリカン・ルネサンス』　200, 216
イスラエル　104-5, 128-9, 157-8, 199, 252-3, 255-7, 259
エドマンド・バーク財団　252-3
『エンカウンター』　123, 125
オーソドキシー　59-60
オールドライト　34, 38, 56-7, 73, 80, 86, 96-8, 115, 196
オルトライト　30, 200, 250

か行
カトリシズム　14, 23, 74, 108-9, 255, 272-3
カトリック・インテグラリズム　273
神の摂理　22, 87, 90
『クレアモント・レヴュー・オブ・ブックス』　151, 229-30, 234
グローバリズム　16, 194-5, 225, 249-50
『クロニクルズ』　197, 200, 213, 219
賢慮　22, 53, 65, 88, 121-2, 140, 178, 233, 264
古典的自由主義　13, 82, 93, 272-5
『コメンタリー』　120-1, 123-4, 126-7, 129, 143

さ行
『サザン・パーティザン・クォータリー・レヴュー』　197
シオニズム　120, 128-9, 156, 158-9, 253
集産主義　41-3, 78, 86-7, 93-5, 140
ジョン・バーチ協会　72
戦略情報局　40-1, 69, 134-5

た行
『タイム』　53
ティーパーティ運動　18
『ディセント』　117
伝統主義　14, 17, 19, 61, 72-3, 90, 96, 106, 109, 155, 194-6, 271-5
独立宣言　89-90, 116, 159, 162-3, 166, 168-9, 171, 173-4, 176-7, 179-80, 188, 190, 236, 238
奴隷制　165-7, 171, 178, 180-2, 190-1, 200
トロツキズム　27, 117-8

な行
ナショナリズム　16, 26, 207, 225, 229, 231, 250-1, 253-9, 278

ナショナル・コンサーヴァティズム　11-3, 17, 20, 28, 31, 34-5, 42, 62-5, 69, 72, 79, 81, 83, 87, 94, 96, 99-101, 106, 108, 134, 151-2, 157, 170-1, 197, 221, 253, 258, 260, 268
『ナショナル・レヴュー』　11-3, 17, 20, 28, 31, 34-5, 42, 62-5, 69, 72, 79, 81, 83, 87, 94, 96, 99-101, 106, 108, 134, 151-2, 157, 170-1, 197, 221, 253, 258, 260, 268
西海岸シュトラウス学派　30, 150, 159, 161, 191, 228-30, 233-4, 237, 240, 243, 266, 268, 271, 277
『ニュー・マッセズ』　48-9
ニュークラス　27, 30, 112, 114-5, 141-6, 151, 153, 173, 204-5, 217, 246-50
ニューコンサーヴァティズム　79-80, 82, 87-80, 82, 87-8, 106, 182
ニューディール　23, 34, 38-9, 49, 53, 56-7, 66, 68, 75, 80, 93, 98, 104, 115-6, 123, 135, 170, 196-7
ニューディール・リベラリズム　24, 63, 113
『ニューリパブリック』　63
ニューポリティクス・リベラリズム　24, 29-30, 113, 143-5, 197
ニューヨーク知識人　117, 123-5
ニューライト　17, 24, 29-30, 34-5, 56-8, 69, 72, 80, 92, 95-6, 99-101, 107-8, 112, 114-6, 121, 145-7, 151-3, 160-1, 183, 194, 196, 202-3, 211, 235, 262
ニューレフト　101, 104-5, 107-9, 112-3, 128, 136, 142
『ネイション』　63
ネオコン　12-3, 20, 24, 27, 29-30, 55, 107, 112-7, 123, 131, 133, 137, 139, 141-2, 145-7, 151-3, 178, 183, 194-5, 197-9, 201, 204, 207, 220-5, 243-4, 246-7, 266-7, 275, 277

は行

『パブリック・インタレスト』　132, 143
『パルチザン・レヴュー』　69, 118, 120, 125
反革命　18, 24-5, 35-6, 54-6, 238, 266
反共主義　17, 29, 57, 61, 64, 69, 73, 96, 101, 107, 109, 116, 123, 126, 135-6, 139, 147, 155, 194-5, 274
東海岸シュトラウス学派　159, 161
『ファースト・シングス』　13-4, 28, 153, 228, 258
『ザ・フェデラリスト』　11, 76
フェビアン社会主義　47
フォイエルバッハ・テーゼ　52
ブラック・ライヴズ・マター　250
『フリーマン』　38, 62-3, 79
文化自由会議　69, 123, 152
文化戦争　155, 209, 224
ペイリオコン　20, 24-5, 27, 30, 73, 109, 147, 151, 155, 167, 178, 196-9, 201-2, 210, 222-3, 235, 237, 260, 266-7
ポピュリズム　18, 26-7, 172, 176, 214-5, 266-7, 270

ポリティカル・コレクトネス　191, 234-8, 247, 268, 270
ポリティカル・コレクトネス・リベラリズム　24
ホワイト・エスニック　129-31

ま行

マッカーシズム　58, 60, 69, 121, 123, 145
マルクス主義　40, 66-7, 74, 78, 209, 212, 246, 248, 254
『モダンエイジ』　16, 19, 28, 91, 17-8, 20, 29-31, 35, 41, 61, 69, 72-3, 85, 89, 91-3, 95-6, 102, 106, 108-9, 116, 147, 155, 160, 169, 194, 266, 271-2, 274-5, 278

や行

融合主義　17-8, 20, 29-31, 25, 41, 61, 69, 72-3, 85, 893, 91-3, 95-6, 102, 106, 108-9, 116, 147, 155, 160, 196, 194, 266, 271-2, 274-5, 278

ら行

リバタリアニズム　17, 19, 29, 39, 61, 72-3, 80, 86, 91, 95-6, 104-9, 155, 194, 196, 271-3, 275
リフォーミコン　267, 270, 272
リベラリズム　14-6, 18-9, 23-5, 30-1, 63, 86-8, 93, 113, 122, 137, 139, 145, 170, 176, 178, 182, 197, 199, 203, 205, 218, 220, 225, 234, 238, 249, 255, 273, 277
リンカン＝ダグラス論争　165-6, 177
ロウ対ウェイド判決　17-8, 153

参考文献

欧文文献

Ahmari, Sohrab et al. (2019) "Against the Dead Consensus (March 21)," *First Things*, https://www.firstthings.com/web-exclusives/2019/03/against-the-dead-consensus

Angle, Paul M. (ed.) (1991) *The Complete Lincoln-Douglas Debates of 1858*, Chicago: The University of Chicago Press.

Anton, Michael (2016) "The Flight 93 election (September 5)," *Claremont Review of Books*, http://www.claremont.org/crb/basicpage/the-flight-93-election/

———— (2018a) "Why Do We Need More People in This Country, Anyway? (June 22)," *The Washington Post*, https://www.washingtonpost.com/opinions/why-do-we-need-more-people-in-this-country-anyway/2018/06/21/4ee8b620-7565-11e8-9780-b1dd6a09b549_story.html

———— (2018b) "America Is Not the Common Property of All Mankind (July 2)," *American Greatness*, https://amgreatness.com/2018/07/02/america-is-not-the-common-property-of-all-mankind/

———— (2018c) "Citizenship Shouldn't Be a Birthright (July 19)," *The Washington Post*, https://www.washingtonpost.com/opinions/citizenship-shouldnt-be-a-birthright/2018/07/18/7d0e2998-8912-11e8-85ae-511bc1146b0b_story.html

———— (2019) *After the Flight 93 Election: The Vote that Saved America and What We Still Have to Lose*, New York: Encounter Books.

Auerbach, M. Morton (1959) *The Conservative Illusion*, New York: Columbia University Press.

———— (1984/2004) "Do-It-Yourself Conservatism?," in George W. Carey (ed.), *Freedom and Virtue: The Conservative/Libertarian Debate*, Wilmington: ISI Books.

Balint, Benjamin (2010) *Running Commentary: The Contentious Magazine that Transformed the Jewish Left into the Neoconservative Right*, New York: Public Affairs.

Bloom, Allan with Jaffa, Harry V. (1964) *Shakespeare's Politics*, Chicago: The University of Chicago Press［(＝2005) 松岡啓子訳『シェイクスピアの政

治学』信山社出版］.
——— (1987) *The Closing of the American Mind*, New York: Simon & Schuster［(＝1988) 菅野盾樹訳『アメリカン・マインドの終焉——文化と教育の危機』みすず書房］. 2016年に翻訳新装版が刊行されている。
Bradford, M. E. (1985) *Remembering Who We Are: Observations of a Southern Conservative*, Athens: The University of Georgia Press.
——— (1979/2014) *A Better Guide Than Reason: Federalists and Anti-Federalists*, New Brunswick: Transaction Publishers.
Bridges, Linda and Coyne Jr., John R. (2007) *Strictly Right: William F. Buckley Jr. and the American Conservative Movement*, Hoboken: John Wiley & Sons.
Brimelow, Peter (1996) *Alien Nation: Common Sense about America's Immigration Disaster*, New York: Harper Perennial.
Buchanan, Patrick J. (2016) "What Hath Trump Wrought? (November 8)," *The American Conservative*, https://www.theamericanconservative.com/buchanan/what-hath-trump-wrought/
Buckley, F. H. (2018) *The Republican Workers Party: How the Trump Victory Drove Everyone Crazy, and Why It Was Just What We Needed*, New York: Encounter Books.
Buckley Jr., William F. (ed.) (1969) *Odyssey of a Friend: Whittaker Chambers' Letters to William F. Buckley, Jr., 1954-1961*, New York: G. P. Putnam's Sons.
——— (1970) *Did You Ever See a Dream Walking? American Conservative Thought in the Twentieth Century*, Indianapolis: Bobbs-Merrill.
——— and Bozell, L. Brent (1954/1995) *McCarthy and His Enemies; The Record and Its Meaning*, Washington DC: Regnery Publishing.
——— (1951/2002) *God and Man at Yale: The Superstitions of "Academic Freedom"*, Washington DC: Regnery Gateway.
Burnham, James (1941) *The Managerial Revolution: What Is Happening in the World*, New York: John Day［(＝1965) 武山泰雄訳『経営者革命』東洋経済新報社］.
Carey, George W. (1984/2004) "Introduction," in George W. Carey (ed.), *Freedom and Virtue: The Conservative/Libertarian Debate*, Wilmington: ISI Books.
Carlson, Tucker (2018) *Ship of Fools: How a Selfish Ruling Class Is Bringing America to the Brink of Revolution*, New York: Free Press.
Chambers, Whittaker (1952/2014) *Witness*, Washington DC: Regnery History.

Codevilla, Angelo M. (2017) "The Cold Civil War: Statecraft in a Divided Country," *Claremont Review of Books*, https://claremontreviewofbooks.com/the-cold-civil-war/

Collier, Peter (2012) *Political Woman: The Big Little Life of Jeane Kirkpatrick*, New York: Encounter Books.

Crawford, Alan (1980) *Thunder on the Right: The "New Right" and the Politics of Resentment*, New York: Pantheon Books.

Decter, Midge (2001) *Old Wife's Tale, An: My Seven Decades in Love and War*, New York: Harper Collins.

Deneen, Patrick (2017) "The Ghost of Conservatism Past," *Modern Age*, vol. 59 no. 2.

——— (2018) *Why Liberalism Failed*, New Haven: Yale University Press［(＝2019) 角敦子訳『リベラリズムはなぜ失敗したのか』原書房］.

Diamond, Martin (1981) *The Founding of the Democratic Republic*, Itasca: F. E. Peacock Publishers.

Djilas, Milovan (1957/1985) *New Class: Analysis of Communist System*, New York: HBJ Books.

Dorman, Joseph (2001) *Arguing the World: The New York Intellectuals in Their Own Words*, Chicago: The University of Chicago Press.

Douthat, Ross and Salam, Reihan (2008) *Grand New Party: How Republicans Can Win the Working Class and Save the American Dream*, New York: Anchor Books.

——— (2020) *The Decadent Society: How We Became the Victims of Our Own Success*, New York: Avid Reader Press.

Dreher, Rod (2017) *The Benedict Option: A Strategy for Christians in a Post-Christian Nation*, New York: Sentinel.

Dueck, Colin (2019) *Age of Iron: On Conservative Nationalism*, New York: Oxford University Press.

——— (2020) "The New Traditionalists," *American Enterprise Institute Report* (May 29), https://www.aei.org/wp-content/uploads/2020/05/The-New-Traditionalists.pdf

Edwards, Lee (1999) *The Conservative Revolution: The Movement that Remade America*, New York: Free Press.

——— (2010) *William F. Buckley Jr.: The Maker of a Movement*, Wilmington: ISI Books.

Epstein, Joseph (2011) *Gossip: The Untrivial Pursuit*, Boston: Houghton Mifflin

Harcourt.
Erler, Edward J., West, Thomas G. and Marini, John (2007) *The Founders on Citizenship and Immigration: Principles and Challenges in America*, Lanham: Rowman & Littlefield.
——— (2016) "Last Chance to Defeat Political Correctness (October 25)," *Claremont Review of Books*, https://claremontreviewofbooks.com/digital/last-chance-to-defeat-political-correctness/
Falwell, Jerry (1980) *Listen, America!*, New York: Doubleday.
Felzenberg, Alvin S (2017) *A Man and His Presidents: The Political Odyssey of William F. Buckley Jr.*, New Haven: Yale University Press.
Francis, Samuel T. (1993) *Beautiful Losers: Essays on the Failure of American Conservatism*, Columbia: University of Missouri Press.
——— (1997) *Revolution from the Middle*, Raleigh: Middle American Press.
——— (2002) *America Extinguished: Mass Immigration and the Disintegration of American Culture*, Monterey: Americans for Immigration Control.
——— (2005) "Refuge of Scoundrels: Patriotism, True and False, in the Iraq War Controversy in D. L. O'Huallachain and J. Forrest Sharpe (eds.) *Neo-Conned!: Just War Principles: a Condemnation of War in Iraq*, Vienna: Light in the Darkness Publications.
——— (2007) *Essential Writings on Race*, Oakton: New Century Foundation.
——— (2016) *Leviathan and Its Enemies: Mass Organization and Managerial Power in Twentieth-Century America*, Arlington: Washington Summit Publishers.
Frum, David (2003) "Unpatriotic Conservatives (March 25)," *National Review*, https://www.nationalreview.com/2003/03/unpatriotic-conservatives-david-frum/
Fuller, Adam L. (2011) *Taking the Fight to the Enemy: Neoconservatism and the Age of Ideology*, Lanham: Lexington Books.
——— (2020) *Israel and the Neoconservatives: Zionism and American Interests*, Lanham: Lexington Books.
Gemma, Peter B. (ed.) (2006) *Shots Fired: Sam Francis on America's Culture War*, Vienna: Fitzgerald Griffin Foundation.
Gottfried, Paul Edward (2007) *Conservatism in America: Making Sense of the American Right*, New York: Palgrave Macmillan.
——— (2012) *Leo Strauss and the Conservative Movement in America*, New York:

Cambridge University Press.
Hart, Jeffrey (2005) *The Making of the American Conservative Mind: National Review and Its Times*, Wilmington: ISI Books.
Hawley, George (2016) *Right-Wing Critics of American Conservatism*, Lawrence: University Press of Kansas.
Hayward, Steven F. (2017) *Patriotism Is Not Enough: Harry Jaffa, Walter Berns, and the Arguments that Redefined American Conservatism*, New York: Encounter Books.
Hazony, Yoram (2018) *The Virtue of Nationalism*, New York: Basic Books.
Hook, Sidney (1987) *Out of Step: An Unquiet Life in the 20th Century*, New York: Carroll and Graf Publishers.
Jaffa, Harry V. (1988) "Humanizing Certitudes and Impoverishing Doubts: A Critique of The Closing of the American Mind by Allan Bloom," in *Interpretation*, vol. 16 no. 1.
——— (1990) *Homosexuality and the Natural Law*, Montclair: The Claremont Institute.
——— (1975/2000) *The Conditions of Freedom: Essays in Political Philosophy*, Claremont: The Claremont Institute.
——— (1978/2001) *How to Think About the American Revolution: A Bicentennial Cerebration*, Claremont: The Claremont Institute.
——— (1984/2002) *American Conservatism and the American Founding*, Claremont: The Claremont Institute.
——— (1959/2009) *Crisis of the House Divided: An Interpretation of the Issues in the Lincoln-Douglas Debates*, Chicago: The University of Chicago Press.
——— (2012) *Crisis of the Strauss Divided: Essays on Leo Strauss and Straussianism, East and West*, Lanham: Rowman & Littlefield Publishers.
Jeffers, Thomas L. (2010) *Norman Podhoretz: A Biography*, New York: Cambridge University Press.
Kagan, Robert and Kristol, William (eds.) (2000) *Present Dangers: Crisis and Opportunity in American Foreign and Defense Policy*, New York: Encounter Books.
——— (2016) "This Is How Fascism Comes to America (May 18)," *The Washington Post*, https://www.washingtonpost.com/opinions/this-is-how-fascism-comes-to-america/2016/05/17/c4e32c58-1c47-11e6-8c7b-6931e66333e7_story.html

Kelly, Daniel (2002) *James Burnham and the Struggle for the World: A Life*, Wilmington: ISI Books.

Kendall, Willmoore (1941/1959) *John Locke and the Doctrine of Majority-Rule*, Urbana: University of Illinois Press.

——— and Carey, George W. (1970/1995) *The Basic Symbols of the American Political Tradition*, Washington: The Catholic University of American Press［(＝1982) 土田宏訳『アメリカ政治の伝統と象徴』彩流社］.

Kirk, Russell (1953/2019) *The Conservative Mind: From Burke to Eliot*, Washington: Gateway Editions［(＝2018) 会田弘継訳『保守主義の精神』(上) 中央公論新社］.

——— (1984/2004) "Conservatism Is Not an Ideology," in George W. Carey (ed.), *Freedom and Virtue: The Conservative/Libertarian Debate*, Wilmington: ISI Books.

Kirkpatrick, Jeane J. (1976) *The New Presidential Elite: Men and Women in National Politics*, New York: Russell Sage Foundation and The Twentieth Century Fund.

——— (1978) *Dismantling the Parties: Reflections on Party Reform and Party Decomposition*, Washington: American Enterprise Institute for Public Policy Research.

——— (1979/1981) "Politics and the New Class," in B. Bruce-Briggs (ed.) *New Class?*, New York: McGraw-Hill.

Kristol, Irving (1966) "The Negro Today Is Like the Immigrant Yesterday," *New York Times Magazine* (September 11).

——— (1978) *Two Cheers for Capitalism*, New York: Basic Books.［(＝1980) 朱良甲一訳『活路』］.

——— (1983) *Reflections of a Neoconservative: Looking Back, Looking Ahead*, New York: Basic Books.

——— (1995) *Neoconservatism: The Autobiography of an Idea*, New York: Free Press.

——— (2011) *The Neoconservative Persuasion: Selected Essays, 1942-2009*, New York: Basic Books.

Lasch, Christopher (1995) *The Revolt of the Elites: And the Betrayal of Democracy*, New York: W. W. Norton & Company［(＝1997) 森下伸也訳『エリートの反逆』新曜社］.

Lowry, Rich (2019) *The Case for Nationalism: How It Made Us Powerful, United, and*

Free, New York: Broadside Books.
Markmann, Charles Lam (1973) *The Buckleys: A Family Examined*, New York: William Morrow.
McClanahan, Brion and Wilson, Clyde N. (2012) *Forgotten Conservatives in American History*, Gretna: Pelican Publishing Company.
Meyer, Frank S. (1961) *The Moulding of Communists: The Training of the Communist Cadre*, New York: Harcourt, Brace and Company.
——— (1969a) "The Relativist "Re-Evaluates" Evil," in *The Conservative Mainstream*, New Rochelle, Arlington House.
——— (1969b) "Champion of Freedom," in *The Conservative Mainstream*, New Rochelle, Arlington House.
——— (1969c) "Freedom, Tradition, Conservatism," in *The Conservative Mainstream*, New Rochelle, Arlington House.
——— (1969d) "The Twisted Tree of Liberty," in *The Conservative Mainstream*, New Rochelle, Arlington House.
——— (1969e) "Lincoln without Rhetoric," in *The Conservative Mainstream*, New Rochelle, Arlington House.
——— (1962/1996) *In Defense of Freedom: A Conservative Credo*, in *In Defense of Freedom and Related Essays*, Indianapolis: Liberty Fund.
——— (1969/1996) "Libertarianism or Libertinism?," in *In Defense of Freedom and Related Essays*, Indianapolis: Liberty Fund.
——— (1984/2004) "The Separation of Powers," in George W. Carey (ed.), *Freedom and Virtue: The Conservative/Libertarian Debate*, Wilmington: ISI Books.
Muller, Jerry (2010) "Leo Strauss: The Political Philosopher as a Young Zionist," in *Jewish Social Studies*, vol. 17, no. 1, pp. 88-115.
National Review (2016) "Conservatives against Trump (February 15)," *National Review*, https://www.nationalreview.com/magazine/2016/02/15/conservatives-against-trump/
Nock, Albert Jay (1991) *The State of the Union: Essays in Social Criticism*, Indianapolis: Liberty Fund.
Podhoretz, Norman (1979) *Breaking Ranks: A Political Memoir*, London: Weidenfeld & Nicolson.
——— (1979/1981) "The Adversary Culture and the New Class," in B. Bruce-

Briggs (ed.), *New Class?*, New York: McGraw-Hill.
——— (1963/2004) “My Negro Problem: And Ours,” in Thomas L. Jeffers (ed.), *The Norman Podhoretz Reader: A Selection of His Writings from the 1950s through the 1990s*, New York: Free Press［（＝1970）井上謙治、百瀬文雄訳『行動と逆行動』荒地出版社］.
Raimondo, Justin (2000) *An Enemy of the State: The Life of Murray N. Rothbard*, Amherst: Prometheus Books.
Reno, R. R. (2019) *Return of the Strong Gods: Nationalism, Populism, and the Future of the West*, Washington, DC: Regnery Gateway.
Rising, George (1997) *Clean for Gene: Eugene McCarthy's 1968 Presidential Campaign*, Westport: Praeger Publishers.
Rockwell Jr., Llewellyn H. (1995) *Murray N. Rothbard: In Memoriam*, Auburn: The Ludwig von Mises Institute.
Rothbard, Murray N. (1974/2000) *Egalitarianism as a Revolt Against Nature and Other Essays*, Auburn, The Ludwig von Mises Institute.
——— (2007) *The Betrayal of the American Right*, Auburn, The Ludwig von Mises Institute.
——— (2016) *Never a Dull Moment: A Libertarian Look at the Sixties*, Auburn, The Mises Institute.
Rusher, William A. (1993) *The Rise of the Right*, New York: National Review Books.
Ryn, Claes G. (2011) *The New Jacobinism: America as Revolutionary State*, Bowie: National Humanities Institute.
Salam, Reihan (2018) *Melting Pot or Civil War?: A Son of Immigrants Makes the Case Against Open Borders*, New York: Sentinel.
Sanders, Jerry W. (1983) *Peddlers of Crisis: The Committee on the Present Danger and the Politics of Containment*, Boston: South End Press.
Saunders, Frances Stonor (1999) *Who Paid The Piper?: The CIA And The Cultural Cold War*, London: Granta Books.
Schneider, Gregory L (1999) *Cadres for Conservatism: Young Americans for Freedom and the Rise of the Contemporary Right*, New York: New York University Press.
——— (ed.) (2003) *Conservatism in America since 1930: A Reader*, New York: New York University Press.
Scotchie, Joseph (1999) *The Paleoconservatives: New Voices of the Old Right*, New Brunswick: Transaction Publishers.

Shapiro, Edward S. (1995) *Letters of Sidney Hook: Democracy, Communism and the Cold War*, Armonk: M. E. Sharpe.

Smant, Kevin J. (2002) *Principles and Heresies: Frank S. Meyer and the Shaping of the American Conservative Movement*, Wilmington: ISI Books.

Stanley, Timothy (2012) *The Crusader: The Life and Tumultuous Times of Pat Buchanan*, New York: St. Martin's Press.

Stanton-Evans, M (1984/2004) "Techniques and Circumstances," in George W. Carey (ed.), *Freedom and Virtue: The Conservative/Libertarian Debate*, Wilmington: ISI Books.

Stephens, Bret (2018) "Our Real Immigration Problem (June 21)," *The New York Times*, https://www.nytimes.com/2018/06/21/opinion/trump-immigration-reform.html

Strauss, Leo (1953) *Natural Right and History*, Chicago: The University of Chicago Press［(＝2013) 塚崎智、石崎嘉彦訳『自然権と歴史』ちくま学芸文庫］.

Swan, Jonathan (2017) "The One Book to Understand Steve Bannon (May 7)," *Axios*, https://www.axios.com/the-one-book-to-understand-steve-bannon-1513300787-22afb8da-9520-4884-a14d-37a16a995adc.html

Tanenhaus, Sam (1997) *Whittaker Chambers: A Biography*, New York: Random House.

Tanguay, Daniel (2007) *Leo Strauss: An Intellectual Biography*, New Haven: Yale University Press.

Viereck, Peter (1949/2009) *Conservatism Revisited: The Revolt Against Ideology*, New Brunswick, Transaction Publishers.

Warren, Donald I. (1976) *The Radical Center: Middle Americans and the Politics of Alienation*, Notre Dame: University of Notre Dame Press.

Will, George F. (2016) "If Trump is Nominated, the GOP Must Keep Him Out of the White House (April 29)," *The Washington Post*, https://www.washingtonpost.com/opinions/if-trump-is-nominated-the-gop-must-keep-him-out-of-the-white-house/2016/04/29/293f7f94-0d9d-11e6-8ab8-9ad050f76d7d_story.html

Zuckert, Catherine H. and Zuckert, Michael (2006) *The Truth About Leo Strauss: Political Philosophy and American Democracy*, Chicago: The University of Chicago Press.

日本語文献

井上弘貴（2012）「ニューディールの挑戦、ニューディールへの挑戦——リベラリズムの転機と合衆国の知識人たち」『政治思想研究』第12号.
————（2020）「全米抗議デモ、ついにトランプは「宗教保守」からも見放され始めた」『現代ビジネス』2020年6月8日 (https://gendai.ismedia.jp/articles/-/73148).
宇野重規（2016）『保守主義とは何か——反フランス革命から現代日本まで』中公新書.
佐藤貴史（2015）『ドイツ・ユダヤ思想の光芒』岩波書店.
坪内祐三（2006）『同時代も歴史である 一九七九年問題』文春新書.
中山俊宏（2013）『アメリカン・イデオロギー——保守主義運動と政治的分断』勁草書房.
西川賢（2015）『分極化するアメリカとその起源——共和党中道路線の盛衰』千倉書房.
橋本努（2007）『帝国の条件——自由を育む秩序の原理』弘文堂.
藤本龍児（2009）『アメリカの公共宗教——多元社会における精神性』NTT出版.
古矢旬（2004）『アメリカ 過去と現在の間』岩波新書.
安岡正晴（2017）「トランプ政権と聖域都市——「不法移民」をめぐる連邦政府と州、地方政府の攻防」『国際文化学研究』第48号.
渡辺靖（2019）『リバタリアニズム——アメリカを揺るがす自由至上主義』中公新書.

アメリカ保守主義の思想史

2020 年 11 月 16 日　第 1 刷発行
2021 年 2 月 16 日　第 2 刷発行

著者――井上弘貴

発行者――清水一人
発行所――青土社

〒 101-0051　東京都千代田区神田神保町 1-29　市瀬ビル
［電話］03-3291-9831（編集）03-3294-7829（営業）
［振替］00190-7-192955

組版――フレックスアート
印刷・製本――シナノ印刷

装幀――水戸部 功

ISBN978-4-7917-7322-0　C0030